懐かしい「昭和の時代」にタイムトリップ！

発掘写真で訪ねる

都電が走った東京アルバム

【第3巻】
（11系統〜14系統）

三好好三

水道橋交差点を越えて飯田橋、神楽坂方面へ向う⑬系統新宿駅前行きの4000形
手前を横断しているのが白山通りで、都電②（三田〜曙町。後に東洋大学前）、⑰（池袋駅前〜数寄屋橋）、⑱（志村坂上〜神田橋）、㉟（巣鴨車庫前〜田村町一丁目。後に西新橋一丁目）が交差していて賑やかだった。電車の右側には観光バス、ハイヤーの営業所が多く、その奥に後楽園球場や遊園地があった。正面の外堀通りをやや行くと右に名勝・小石川後楽園（旧水戸藩邸の庭園）があるが、この一帯は現在「東京ドーム」の街となり、沿道には中高層のビルがぎっしり並んでいる。
◎水道橋　1962（昭和37）年4月15日　撮影：小川峯生

.....Contents

11系統（新宿駅前～月島） 5

12系統（新宿駅前～両国駅前） 49

13系統（新宿駅前～水天宮前） 89

14系統（新宿駅前～荻窪駅前） 115

新宿駅前停留場に勢ぞろいした左から⑪系統の新佃島行き5000形（2次車、更新済み）、
⑫系統の岩本町行き5000形（1次車、更新済み）、⑬系統の秋葉原駅前行き4000形
奥のガードは「大ガード」と呼ばれる山手線、山手貨物線、中央快速線、中央・総武緩行線が青梅街道をまたぐ跨線橋で、都電の
居る手前側が靖国通りの起点である。ガード手前を右折すると西武新宿駅があり、さらに右手のビル街には歌舞伎町入口がある。
都電の新宿ターミナルとして系統別、乗降安全地帯別に整備されたのは1953（昭和28）年6月のことで、ループ構造の渋谷駅前と
並んで巧みなレイアウトが評価されていた。◎新宿駅前　1964（昭和39）年11月9日　撮影・荻原二郎

はじめに

　その昔、長い旅の後に地方の駅に降り立ったとき、駅前に路面電車の姿があると「この街（町）は大都市だ」「開けている」という印象を持ったものでした。電車の姿が見えなくても、電車通りの軌道や架線、架線柱を見ただけで、好ましく活気のある街が想像できたものでした。路面電車ファンなら駅の改札を出ると真っ先に駅前の電停に駆け付けて、「眺める」「写す」「乗る」などの行動に出たものでした。路面電車が来ている駅には自然に身体が動いて、鑑賞、賞味に没頭できたのですから、不思議といえば不思議なことでした。反対に、路面電車の見えない駅前は、どこか物足りない思いをしたのも事実でした。

　東京のような大都市でも同様で、例えば環状の山手線でも都電が駅前に来ている駅はまさに別格で、都電の姿が見られる駅は貫禄と楽しみが同居している観がありました。東京、神田、秋葉原、御徒町、上野、駒込、巣鴨、大塚、池袋、高田馬場、新宿、渋谷、恵比寿、目黒、五反田、品川、新橋、有楽町の各駅が都電と接していた駅で、国電の車内からも都電の姿が望める共通点も持っていました（都電の駅前電停が駅前から離れている駅もありましたが）。都電のネットワークも完成度が高く、都電と都電との乗換え、国電、私鉄線との乗換え・乗継ぎも至って便利に行われていました。

　幾星霜を経るうちに都電の姿は（1本を残して）消滅し、現在の東京はJR線の電車、私鉄線の電車を基幹とし、地下鉄網がかつての都電網を凌ぐばかりに張り巡らされています。その利便性から、もはや路面電車はほとんど出る幕が無い、というのが実情です。しかし、かつての都電が都民の生活に密着し、主要な電停付近に盛り場や庶民の集まる商店街を創出したような力は、高速鉄道や地下鉄には欠けています。都電に限らず、各地の市電や軌道線は「街づくり」にも貢献し、沿線に独特の景観を生み出しました。これは地下鉄や路線バスには出来ない芸当だったと言えます。

　本巻ではそのような黄金期の写真を揃えて、ターミナルや都心部以外の都電風景も集めてみました。撮影された各位への深謝とともに、お楽しみ頂けますことを願っております。

2021（令和3）年2月　　三好好三

11系統（新宿駅前～月島）

【担当：新宿(営)➡大久保(営)　営業キロ数：新宿駅前～月島(旧月島通八丁目)間8.7㎞　廃止：1968(昭和43)年2月24日】

　武蔵野の宿場町だった市外の新宿は、日本鉄道山手線、甲武鉄道(現JR中央線)の開通によって明治末期から急速に都市化が進み、都電の前身・東京市街鉄道の路面電車が半蔵門から新宿(角筈)まで延伸してきたのは1903(明治36)年のことだった。以後新宿は山の手を代表する繁華街として発展を遂げていく。⑪系統の市電(➡都電)も、山の手の新宿・四谷と都心部の日比谷・有楽町・銀座、下町の築地・月島を結ぶ路線として、終始都電を代表する東西幹線の1つであった。輸送量の多さから、⑫系統(新宿駅前～両国駅前)と共に13m級の広幅・3扉の大型車5000形が走った路線で、車両にも人気があった。

停留場 1962(昭和37)年10月当時

新宿駅前　角筈　四谷三光町　新宿三丁目　新宿二丁目　新宿一丁目　四谷四丁目　四谷三丁目　四谷二丁目　四谷見附　麹町六丁目　麹町四丁目　麹町二丁目　半蔵門　三宅坂　国会議事堂前　桜田門　日比谷公園前　数寄屋橋　銀座四丁目　三原橋　築地　勝鬨橋　月島通八丁目

国会議事堂前を右にカーブして新宿駅前に向う⑪系統の7000形
国会議事堂は前庭部分が広く、内堀通りを行く⑪系統の都電は離れた位置から一瞥するだけで三宅坂方面に右折していた。都民は見慣れていたので関心も薄いでいたが、観光バスや貸切バスで訪れる地方からの団体客や修学旅行生にとっては感動ひとしおとなる一角だった。◎議事堂前　撮影：荻原二郎

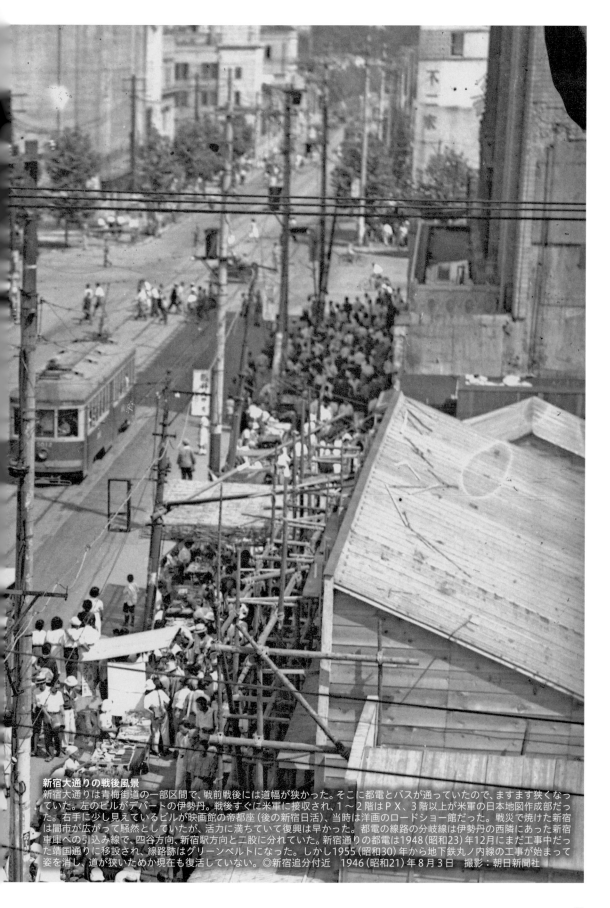

新宿大通りの戦後風景
新宿大通りは青梅街道の一部区間で、戦前戦後には道幅が狭かった。そこに都電とバスが通っていたので、ますます狭くなっていた。左のビルがデパートの伊勢丹。戦後すぐに米軍に接収され、1～2階はＰＸ、3階以上が米軍の日本地図作成部だった。右手に少し見えているビルが映画館の帝都座（後の新宿日活）、当時は洋画のロードショー館だった。戦災で焼けた新宿は闇市が広がって騒然としていたが、活力に満ちていて復興は早かった。都電の線路の分岐線は伊勢丹の西隣にあった新宿車庫への引込み線で、四谷方向、新宿駅方向と二股に分れていた。新宿通りの都電は1948（昭和23）年12月にまだ工事中だった靖国通りに移設され、線路跡はグリーンベルトになった。しかし1955（昭和30）年から地下鉄丸ノ内線の工事が始まって姿を消し、道が狭いためか現在も復活していない。◎新宿追分付近　1946（昭和21）年8月3日　撮影：朝日新聞社

原形のままクリーム塗装になった5000形1次車、⑪系統の月島行き

戦前製の大型3扉車5000形1次車（1930年製）がクリーム／えんじ帯になった当時の姿である。原型のままなので厚化粧の印象は避けられなかった。新宿三丁目電停（2代目）は新宿通りから靖国通りへの都電付替えの際に生れたもので、新設の御苑大通り上に設けられた。この道の沿道には新宿遊郭があったが、1958（昭和33）年に売春禁止法の施行により廃止され、60年代以後は風俗店が二〜三丁目一帯に密集する街となった。◎新宿三丁目　1961（昭和36）年1月28日　撮影：井口悦男

大久保車庫で出庫を待つ右から⑪⑬系統の6000形、⑪系統の8000形

新宿発着の⑪⑫系統は伊勢丹西隣にあった新宿営業所に属していたが、戦後、新宿通りから靖国通りに⑪⑫系統が移設された時に新宿車庫は廃止され、⑬系統を受持っていた大久保車庫に統合された。しかし事務・運行関係の新宿営業所は角筈に健在で⑪⑫系統の運行面を管理していたが、1963（昭和38）年に大久保営業所と合併した。⑪⑫で使用する車両と⑬を走る車両は、伝統的にそれぞれ車番と運用が分れていた。なお、角筈（2代目）〜新田裏〜大久保車庫前間の専用軌道は⑪⑫系統の回送線として使用されていたが、1970（昭和45）年3月の都電廃止後は遊歩道として整備され、「四季の路」として健在である。
◎大久保車庫　1968（昭和43）年2月5日　撮影：井口悦男

まだビルが林立する前の御苑大通りと⑪系統の月島行き6000形
新宿通り（写真手前側）との分岐点である。撮影時は高度成長のただ中にあったが、御苑通り、靖国通り（中央奥）ともにまだ落着いた商業地区の様相を見せていた。停留場に着いた都電の行先は「月島 新佃島」となっているが、これは終点の月島（旧・月島通八丁目）から線路が続く2つ先の㉓系統（福神橋～月島）の新佃島まで乗入れていたもの。臨時系統の扱いで、交通事情の悪化と利便性向上に対応して後に正式に延長された。◎新宿三丁目　1968（昭和43）年2月5日　撮影：井口悦男

四谷見附停留場に停車中の⑪系統月島行き、ほぼ原形の5000形2次車

新宿駅前から四谷見附まで同じ線路を走る⑪⑫系統の王者は、共に京都市電・大阪市電の3扉車に近い寸法の大型車5000形だった。1次車の5001〜5012（1930年製）と2次車の5012〜5023（1944年製。戦災により1両欠）がそれで、多少の違いがあった。写真の2次型5016号車は塗分けと屋根上の集電装置ビューゲル、前面の排障器を除けば原型のままで、1次車との大きな違いは上段下降・下段上昇の側窓にあった（1次車は上段固定・下段上昇）。これはエアコン無き時代の立席者への通風サービスの1つだった。⑪系統の四谷見附停留場は、国鉄四ツ谷駅を跨ぐ四谷見附橋の西詰にあった。左奥の建物群は雙葉（ふたば）学園。

◎四谷見附　1958（昭和33）年1月22日　撮影：井口悦男

新宿通りを四谷見附方向に進む
⑪系統新佃島行きの7000形

新宿の中心街を過ぎると、⑪⑫系統は共に商店やオフィスビルが渾然と並ぶ新宿通り（国道20号、甲州街道）を四谷見附、麹町方面に進む。撮影時には道路拡張が完了しておらず、中途半端な拡幅区間と未着工の区間が混在していた。道路下にはすでに地下鉄丸ノ内線が通り、輸送の主力となっていた。都電の廃止計画に基づいて部分廃止が続いていたため、ネットワークが崩れ始めた都電は次第に利用しにくい交通機関になりつつあった。写真の7000形2次車（7031〜7050）はやや影の薄い存在だったが、10両が1970（昭和45）年に函館市電へ譲渡され、2010（平成22）年まで在籍した。
◎新宿一丁目
1968（昭和43）年1月21日
撮影：荻原二郎

四谷見附橋西詰から橋上に進む⑪系統の8000形月島行き8124号車

⑪系統末期には臨時として新佃島まで2電停延長していたので、方向幕は「月島　新佃島」が定着していた。交差点の奥が新宿通り新宿方面、右が外堀通り市ケ谷方面、左が同赤坂見附方面。雪の日には都電がひときわ美しく見えたもので、淡いクリーム色が都会の慌ただしく尖った空気を和らげてくれた。◎四谷見附　撮影：小川峯生

四谷見附で外堀通りとクロスして、国鉄四ツ谷駅を跨ぐ四谷見附橋の上に進む⑪系統の㊧「月島　新佃島」行きの5000形と、橋を渡り終って甲州街道を新宿へ向う⑪系統の㊨「新宿駅前行」行きの6000形　四谷見附も都電の要衝で、撮影時には甲州街道上の⑪（新宿駅前〜新佃島）と、外堀通り上の③（品川駅前〜飯田橋）、甲州街道から外堀通りに進む⑫（新宿駅前〜両国駅前）、および部分廃止で四谷三丁目から市ケ谷見附まで迂回運転で加わった⑩（渋谷駅前〜須田町）が顔を合せていた。文教地区のため通勤・通学客が多い上に都電間の乗換え客も多く、終日賑わっていた。大型車の㊨5000形は車幅が2.4m級（現在の路線バスとほぼ同じ）、中型車の㊧6000形は2.2m級。その違いがよくわかる１枚である。前者の車内はゆったりしていた。
◎四谷見附
1964（昭和39）年５月10日
撮影：諸河 久

13

中央本線四ツ谷駅を跨ぐ甲州街道（国道20号線）の四谷見附橋を渡り、月島・新佃島に向う⑪系統の6000形
橋の下には2面4線の中央線四ツ谷駅のホームが並ぶ。駅を越える橋は1913（大正2）年に竣工し、同時に都電の始祖の1つ東京市街鉄道（街鉄）線の線路も敷設され、後の⑪系統の始祖となった。初代の橋（写真）はネオバロック風の名橋として人気があったが、老朽化と道路拡幅のために廃止となり、1991（平成3）年10月に2代目の橋が完成した。新しい橋は上下各3車線＋右折線のラーメン構造。初代の橋は八王子市の多摩ニュータウン内にある長池公園に移設され、「長池見附橋」となって健在である。
◎四谷見附　1968（昭和43）年2月21日　撮影：井口悦男

聖イグナチオ教会・上智大学側から見た四ツ谷駅麹町口前と⑪系統の6000形月島行き

四谷見附橋で国鉄（ＪＲ）四ツ谷駅を越えると、同駅の麹町口を横に見て半蔵門方向に進む。右のビルが主婦連合会の「主婦会館」（現・プラザエフ）。左の尖塔は「カトリック幼きイエス会ニコ・バレ管区本部」。その奥に雙葉学園の校舎ビルが広がる。カメラ位置の背後はカトリック麹町聖イグナチオ教会（左手）と、上智大学（右手）が並ぶ。中央線、都電⑪ともに最も静謐（せいひつ）な雰囲気が漂う文教地区だった。◎四ツ谷駅麹町口前　1968（昭和43）年2月21日　撮影：井口悦男

内堀通り半蔵門から新宿通りに入り、四谷見附、新宿方面に向う⑪系統の7000形

内堀通りから新宿通りに左折したところ。奥が皇族方の皇居への通用口である半蔵門。左奥のビルは、美しい人物写真で知られる東條會舘。1912（明治45）年の開業で、現在は九段寄りに移動して営業を続けている。写真の7008号車は1954（昭和29）年に登場して都電に新風を吹込んだ7000形1次車（7001～7030）のうちの1両。ライトグリーンの爽やかなツートンが人気を集めたが、数年で濃い緑／クリーム色に変った。◎半蔵門　1954（昭和29）年3月2日　撮影：吉村光夫

新宿通り麹町の整然とした街並みを抜けて、半蔵門から内堀通り三宅坂方面に右折する⑪系統の5000形
四谷見附～半蔵門間は旧武家屋敷の跡地で、高級住宅と企業ビルが程よい調和を見せていた。但し麹町は一丁目から十三丁目まであり、この区間の市電（都電）の停留場名は何度も改称されたが、最終的には〈四谷見附～麹町六丁目～麹町四丁目～麹町二丁目～半蔵門〉に落着いていた。左のビルは肖像写真で著名な東條會舘、正面が半蔵門。左折すると英国大使館前を経て九段上方面、右折すると三宅坂、国会議事堂前を経て日比谷方面。半蔵門～三宅坂間の沿道には1966（昭和41）年に「国立劇場」が開場し、大輪の文化の殿堂が開花した。◎半蔵門　1960（昭和35）年5月　撮影：小川峯生

桜田門を背にして新宿駅前に向う⑪系統の6000形
正面奥が桜田門。皇居前広場に通じる御門である。線路はそこから右に曲り、警視庁の前に出て桜田通り（国道1号線）と合流する。写真撮影位置の背後には国会議事堂がある（議事堂前の都電停留場はすでに廃止）。半蔵門～三宅坂～桜田門～日比谷公園間の沿道の景色は良かったが、山の手と下町を結ぶ⑪系統では格式の高い区間の一つで、一種の緊張感（または堅苦しさ）も漂っていた。◎桜田門付近　1968（昭和43）年2月24日　撮影：荻原二郎

国会議事堂前を右にカーブして新宿駅前に向う⑪系統の7000形
国会議事堂は前庭部分が広く、内堀通りを行く⑪系統の都電は離れた位置から一瞥するだけで三宅坂方面に右折していた。都民は見慣れていたので関心も薄らいでいたが、観光バスや貸切バスで訪れる地方からの団体客や修学旅行生にとっては感動ひとしおとなる一角だった。◎三宅坂　1967（昭和42）年11月　撮影：高井薫平

桜田門の警視庁をバックに新宿駅前に向う⑪系統の5000形ほか
中央奥のビルが原型時代の2代目警視庁、左に桜田濠と桜田門がある。カメラの背後は国会議事堂で、右に見学客の貸切バス（帝産バスほか）が控えている。霞が関一帯はまだ中・高層の建物ばかりで、都心部としては非常にゆとりのある景観が広がっていた。電車は⑪系統の新宿駅前行き5000形トップナンバーの5001号車。更新前の原型である。後に続くのは⑨系統渋谷駅前行きの6000形。◎桜田門　1957（昭和32）年3月12日　撮影：小川峯生

桜田門の警視庁をバックに新宿駅前に向う⑪系統の5000形
中央奥のビルが原型時代の2代目警視庁、左の濠が桜田濠。カメラの背後は国会議事堂で、右に見学の貸切バスが控えている。この一帯はまだ中・高層の建物ばかりで、都心部としては非常にゆとりのある景観が広がっていた。電車は⑪系統の新宿駅前行き5000形トップナンバーの5001号車。更新前の原型である。後に続くのは⑨系統渋谷駅前行きの6000形。
◎桜田門　1957 (昭和32) 年3月12日　撮影：小川峯生

幻の電停となった「議事堂前」を過ぎて
桜田門に向う⑪系統の6000形
議事堂前のささやかな停留場は明治大正期の
旧「参謀本部前」で、軍の中枢部に近いため
1920（大正9）年に廃止されてていたが、第二
次大戦後の1951（昭和26）年に位置を変えて
「議事堂前」と改称のうえ復活していた。が、
利用者が少ないため自然消滅に近い形で1965
（昭和40）年頃に廃止となった。写真は桜田門
の安全地帯から国会議事堂を背景に入れた光
景である。
◎議事堂前〜桜田門
1965（昭和40）年10月1日　撮影：諸河 久

日比谷から内堀通りを桜田門、議事堂前へと進む⑪系統新宿駅前行きの5000形（2次車）
　時は1964（昭和39）年の元旦。車体の前後に国旗を掲出した大型車5000形2次車の5019号車が新宿駅に向っている。正月の官庁街と皇居周辺は自動車も少なく、静けさが漂っていたが、この年は「1964東京オリンピック」、「東海道新幹線」の開業など、戦後日本の大きな節目を迎える年となった。日本人が自信をもっての本格的な国際社会への参加も、この年から始まったと言っても過言ではなかった。◎日比谷公園桜田門　1964（昭和39）年1月1日　撮影：諸河 久

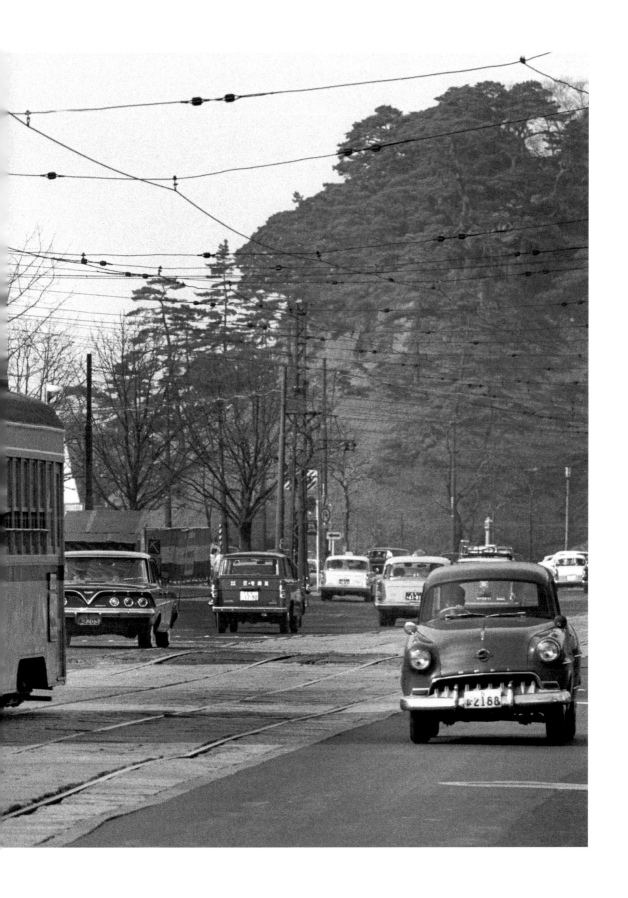

第一生命館をバックに日比谷交差点を渡る⑪系統の5000形月島行き
ビルは第一生命館。占領下の1945〜52（昭和20〜27）年の間、ＧＨＱ（占領軍総司令部）が置かれ、ダグラス・マッカーサー元帥がここで執務していた。ビルは農中金ビルと合体・改築されて高層の第一農中ビルとなったが、旧ビルは巧みに新ビルに取込んで生かされており、2004（平成16）年に東京都選定歴史的建造物に指定された。交差点を渡る5000形1次車は更新済みで、3扉を前中2扉に改造のうえ屋根回りも張替えたため、1930（昭和5）年製とは思えない不思議なスタイルになっていた。
◎日比谷　1961（昭和36）年4月20日　撮影：江本廣一

日比谷交差点を経て有楽町日劇前、数寄屋橋を進む⑪系統月島八丁目（後に月島）行きの5000形
中央奥のビルは手前から有楽町電気ビル、日活国際会館、電車はすぐ右の日本劇場（日劇）、朝日新聞東京本社前を通過中。高速道路建設のため、外濠川の埋立てと数寄屋橋の取壊しは始まっていたが、忙中閑ありの風景も見られる時代だった。戦前製の都電も前面が「金太郎の腹掛け」塗りになったのは1957（昭和32）年度からだった。
◎数寄屋橋　1958（昭和33）年9月4日　撮影：小川峯生

有楽町駅周辺地図（昭和30年）

建設省地理調査所発行「1万分の1地形図」

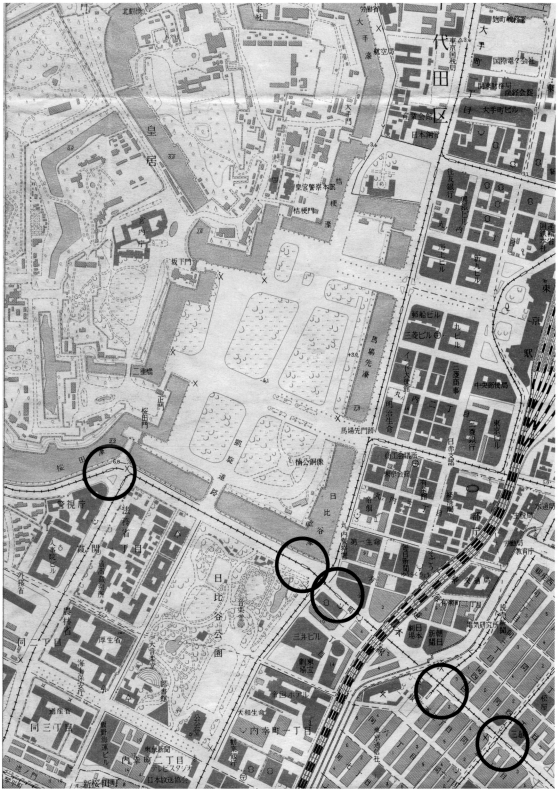

皇居および東京駅、有楽町駅、丸の内、大手町周辺
内濠の桜田濠、日比谷濠、馬場先濠と、桔梗濠、大手濠に囲まれた内側が皇居。一般に開放されている皇居前広場もかなり広い。
都電の線路を辿ってみると、欧米の都市並みの都市計画に基づいた見事な配線であったことがわかる。皇居、東京駅周辺を除くと
すべて日比谷入江という遠浅の海を埋立てた土地で、内濠の大半は海を残して誕生したものである。

日本劇場前を行く⑪系統月島通八丁目（後に月島）行きの6000形

東光ビル（旧・電気ビル）とその奥の日活国際会館を背景に、華やかだった日本劇場（日劇）前を銀座、築地、月島に向う⑪系統の電車である。折しも日劇では人気絶頂だった藤島桓夫の歌謡ショーを上演中で、協賛の東芝トランジスタラジオ、東芝テレビの広告がＴＶ時代幕開け直前の時代相を物語っている。右手奥では「新数寄屋橋」建設の大工事が進行中で、都電の軌道敷も移設を重ねていたことがわかる。◎数寄屋橋　1958（昭和33）年9月4日　撮影：小川峯生

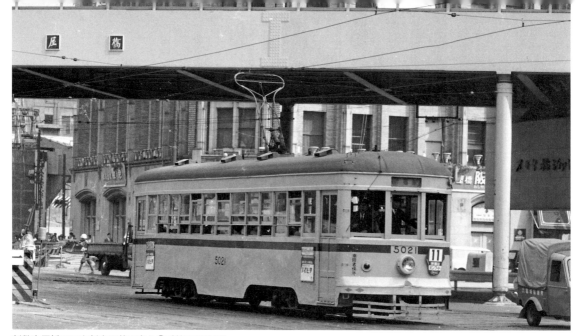

新数寄屋橋の下を新宿駅前に向う⑪系統の5000形
旧数寄屋・数寄屋橋撤去後に登場した新・数寄屋橋は高架橋で、高架下と地下（旧外濠川の川底を利用）は商業施設になっていた。正面のビルは東芝所有のマツダビル。長らくテナントとして「阪急百貨店数寄屋橋店」が入り、盛業を続けていた。その後東芝は撤退し、改築後の現在は商業ビルの「東急プラザ銀座」となっている。高架橋の下を行く5000形は戦争末期の1944（昭和19）年製の2次車で、材質による車体強度の関係から更新時には中扉を埋め、2扉に簡易改造されていた。2次車の側窓は下段上昇・上段下降方式で通風効果に工夫が凝らされていた。◎数寄屋橋　撮影：小川峯生

晴海通りの銀座四丁目から数寄屋橋交差点、有楽町、日比谷方向へ進む⑪系統新宿駅前行きの6000形
銀座を東西に貫く晴海通りのこの区間では⑧（中目黒～築地）、⑩（渋谷駅前～浜町中ノ橋）、⑪（新宿駅前～月島）が行き交い、都電を利用しての銀座への往復が盛んだった。撮影当時は地下鉄が未発達だったのと、新宿、渋谷などの副都心が今ほど繁華ではなかったため、銀座、新橋、日本橋には東京中から人が集まった。右列の主なビルは、手前から富士銀行（現・みずほ銀行）数寄屋橋支店、外堀通りとの交差点角が不二家数寄屋橋店、高速の新数寄屋橋を越えて朝日新聞東京本社、日本劇場、奥に有楽町電気ビル。
◎銀座四丁目側から　1962（昭和37）年2月14日　撮影：小川峯生

消えた数寄屋橋と、建設中の高速道路「新数寄屋橋」の現場を新宿駅前に向う⑪系統の8000形
左に外濠川埋立て跡に建設中の東京高速道路（民営）の橋台（地下街を含めた工事）が見える。電車の走っている地点が外濠川に架っていた数寄屋橋の跡で、正面奥は数寄屋橋交差点。南西角に不二家数寄屋橋店、右端には森永の地球儀を模した広告塔がちらりと見える。高層のビルが無かった時代の銀座には広い天が望める空間があった。◎数寄屋橋　撮影：小川峯生

銀座四丁目で中央通りを越えて晴海通りを築地、月島へ向う⑪系統の6000形

都電にとっては最高の檜舞台だった銀座四丁目。⑪系統にとっても銀座を通って築地、月島方面に進む晴れがましい区間だった。右のビルは手前角が三越銀座店、その向い側の角が和光（旧服部時計店）。中央通りには①（品川駅前〜上野駅前）、④（五反田駅前〜銀座二丁目）、㉒（南千住／浅草雷門〜新橋）、㊵（神明町車庫前〜銀座七丁目）の4系統が行き交い、晴海通りには⑧（中目黒〜築地）、⑨（渋谷駅前〜浜町中ノ橋／新佃島）、⑪（新宿駅前〜月島通八丁目／新佃島）の3系統が行き交っていた。銀座の都電は1967（昭和42）年12月10日〜1968年9月29日の間に順次廃止となり、銀座の街から都電の姿が消えた。
◎銀座四丁目　1963（昭和38）年3月17日
撮影：諸河 久

都電の黄金期、銀座四丁目のにぎわい
昭和20〜30年代の都電黄金期には、とにかく利用客が多かった。まだ地下鉄網が完成しておらず、銀座に出るには国電の有楽町駅、新橋駅から歩くか、地下鉄銀座線・丸ノ内線を利用するか、公営・民営のバスを利用するしか足が無かった。写真は都電から降り立った人の多さを表している。右端のビルは「和光」、左側の晴海通りには森永製菓の「地球儀型ネオン広告塔」を乗せた不二越ビル、その奥に東芝の「マツダビル」、さらに数寄屋橋が続き、東海道・山手・京浜東北線のガードを越えて「日比谷朝日生命館」（旧美松ビル）が見える。高度成長初期の落着きのある時期の銀座・数寄屋橋一帯の景観である。
◎銀座四丁目　1959（昭和34）年4月12日　撮影：小川峯生

銀座四丁目から数寄屋橋、日比谷方面に進む⑪系統新宿駅前行きの5000形
大型の5000形は、クリーム塗装化と車体更新によって一段と大きく見えるようになっていた。乗客をぎっしり詰込んでいる姿は、斜陽化を感じさせないオーラを発揮している。奥の時計塔のあるビルが「和光」(旧服部時計店)、その手前に宝石、装身具の貴金属・宝飾・時計・鉄道模型の「天賞堂」と紳士服の「モトキ」が見える。いずれもその後改装されているが、現在も同じ場所で盛業中である。◎銀座四丁目〜数寄屋橋間　1961 (昭和36) 年10月　撮影：吉村光夫

三原橋から銀座、四谷見附を経て新宿駅前に向う⑪系統の5000形
三原橋は1949（昭和24）年に戦災後の瓦礫で埋立てられた旧・三十間堀川に架っていた橋の名で、埋立て後は橋下の地下街を含めて沿道に映画館の多い時期があった。写真の銀座大映劇場では前年（1967年）の作に続く大映の忍者映画「忍びの者」の続編の看板が華やかだ。戦後好調だった日本映画はTVに押されて1963（昭和38）年が一つの節目になり、特に時代劇の凋落を迎えていた。それ以前の東映の講談調チャンバラ時代劇は任侠ものに変り、他社も時代劇からの撤退が続いた。大映では現代劇と並行してシリアスな時代劇の道を選び、市川雷蔵主演の「忍びの者」が大ヒット、これをシリーズ化して活路を拓いていた時期だった。このあと大映では勝 新太郎主演の「悪名」「座頭市」シリーズが大ヒットする。
◎築地〜三原橋
1963（昭和38）年8月23日
撮影：諸河 久

晴海通りの銀座四丁目から数寄屋橋、日比谷方向へ進む⑪系統日比谷行きの6000形
撮影当時の晴海通りは、1964東京オリンピックを目指して営団地下鉄（現・東京メトロ）日比谷線（北千住〜中目黒）間の建設工事たけなわの頃で、道路は掘り返されて路面は仮設状態だった。東京では工事個所は木材（角材）でふたをしていたが、大阪では鉄板張りで、振動や騒音は東西で大きく違っていた（後に東京も鉄板張りになる）。銀座の表通りに銀行や証券会社が多かった時代で、古写真には多くの姿が残されている。◎数寄屋橋〜銀座四丁目　1963（昭和38）年10月7日　撮影：小川峯生

月島から勝鬨橋（かちどきばし）の可動部分を渡って新宿駅前に向う⑪系統の5000形
築地を出るとすぐ隅田川を越える勝鬨橋を渡る。1940（昭和15）年の竣工で、都電は戦後の1947（昭和22）年12月から通行を開始した。船を通すため1日5回程度中央部分を跳ね上げていたので、その間自動車も都電も信号待ちとなっていた。高度成長と共に交通量が増えて、信号待ちの車の列が銀座、日比谷まで続くようになり、1970（昭和45）年11月29日限りで開閉は停止となった。橋はその後2007（平成19）年に国の重要文化財に指定され、2017（平成29）年に日本機械学会から機械遺産に指定されている。
◎勝鬨橋　1961（昭和36）年3月29日　撮影：小川峯生

晴海通りの銀座四丁目交差点で信号待ちする⑪系統新佃島行きの5000形と⑨系統の6000形
銀座四丁目も都電のメッカだった。交差する中央通り（銀座通り）には①（品川駅前〜上野駅前）、④（五反田駅前〜銀座二丁目）、㉒（南千住／浅草雷門〜新橋）、㊵（神明町車庫前〜銀座七丁目）が行き交い、こちらこそ「銀座の顔」だった。しかし撮影から１ヵ月後の1967（昭和42）年12月10日付けで銀座通りの①④が廃止、㉒㊵が短縮により姿を消し、晴海通りの⑧も同日に廃止、銀座通りの方は早々に線路も撤去された。晴海通りの⑨⑪は翌1968年９月29日に廃止となり、銀座の都電は完全に消えた。
◎1967（昭和42）年11月12日　撮影：井口悦男

晴海通り旧万年橋の上を新宿駅前に向う⑪系統の6000形
カメラの位置は三原橋や歌舞伎座前からほど近い東銀座の旧・築地川に架る万年橋の東詰。川は水を抜かれて1967（昭和42）年に川底が首都高速都心環状線の一部に変っている。この一帯は日比谷・有楽町の"東宝街"に対抗する"松竹街"で、写真のビルは1956（昭和31）年竣工の松竹セントラル劇場と松竹会館（現在は松竹スクエア）。さらに道を挟んだ右奥には松竹の顔の一つ、1930（昭和５）年開場の東京劇場（東劇）。演劇公演から戦後映画封切に）があったが、1975（昭和50）年に高層ビルに改築され、以後は松竹本社と系列会社、映画館が入っている。この松竹王国の前を走っていた都電⑨⑪系統は1968（昭和43）年９月に廃止となり、"松竹街"の発展を途中まで見届けて姿を消した。◎東銀座　1968（昭和43）年１月27日　撮影：荻原二郎

皇太子ご成婚に沸いた銀座四丁目の景観と「かちどき橋」行きの⑪系統6000形
1959（昭和34）年4月26日の皇太子殿下と美智子様（現・上皇さま、上皇后さま）のご成婚奉祝の写真が四丁目角の三愛ビルに掲出されている。奥には森永の地球儀型広告塔が銀座の街を見下ろしている。高度成長初期の落着きのある銀座の街並みが美しい。都電は勝鬨橋折返しの運用。当時の都電は黄金期から斜陽期に差掛かった頃だった。並走する日野のボンネット型のバスは、新宿駅西口〜築地魚市場間の都バス（堀之内車庫担当）。年式の古い車体に魚臭が染みついていて一般客からは敬遠されていた。
◎銀座四丁目　1959（昭和34）年4月12日　撮影：小川峯生

⑪系統の終着点・月島八丁目(後の月島)に新宿駅前から到着した5000形
銀座、築地から勝鬨橋を渡って月島に着くと、低層建築の商工業の街が広がり、その間に漁業会社の倉庫や学校の建物が混在していた。まだ観光とは無縁の生活感の漂う街だった。写真の5000形5022号車は戦災復旧車で、旧番号は5013。1次車(1930年製の5001〜12)に被災車はなかったが、2次車(1943年製の5012〜24)からは3両の焼失車が出た。1両を廃車とし、2両が復旧した。戦後すぐの復旧工事だったが、巧みな技術によりほぼ原形に復していた。物を大切にする時代は昭和30年代末まで続いていた。◎月島通八丁目(電車の方向幕は「月島」) 1955(昭和30)年10月23日　撮影:江本廣一

月島八丁目の景物 第2次大戦後まで「東京の新しい埋立て地」というイメージが強かった月島だが、実際には古くから人の住む生活感豊かな下町の一部だった。気取りなく暮せるということでも人気があった。公共の足は都電と都バスで、築地、銀座、深川、浅草へもさして時間はかからなかった。佃島と共に郷愁をそそる風物が多く、都内散策をする人は今よりも少なかったが、訪れる人の姿はあった。かつては公道をダンプや大型トラックが通ると地面が揺れる箇所もあって、埋立て地であることを示唆していたが、現在は鉄とコンクリートで固めた高層のマンションやオフィスビルが増えて地盤は固まっている。綺麗な街になっただけに土の上の暮しが減って、ちょっと味気ないと感じる昨今ではある。◎月島八丁目 1955（昭和30）年10月23日 撮影：江本廣一

⑪系統の要衝・月島で並んだ5000形の新佃島行きと、新宿駅前行きの6000形
勝鬨橋を渡って晴海通りから清澄通りに左折した地点が都電の「月島」停留場だった（旧「月島通八丁目」を1965年9月に改称）。月島一帯の発展と交通事情により、1967（昭和42）年12月から㉓系統（福神橋〜月島）の通る清澄通りの「新佃島」まで2停留所間に乗入れて、事実上の延長となっていた。同様に⑨系統（渋谷駅前〜浜町中ノ橋）の臨時系統である「渋谷駅前〜月島」系統も新佃島への延長を実施している。現在は高層マンションが林立し、従来からの商業地区は「もんじゃ焼き」の街として観光化が進んでいるが、かつての人懐かしい生活感は消えている。今の月島への足は東京メトロ有楽町線と都営大江戸線である。
◎月島 1968（昭和43）年1月14日
撮影：井口悦男

月島から勝鬨橋の可動橋部分を渡り終えて、西詰（築地側）に近づいた新宿駅前行き⑪系統の6000形
築地側の可動しない本体のアーチ下を行く都電の姿である。頭上には鉄骨が芸術的とも言えるメカニックでリズミカルな美しさ
を見せている。この景観は今も変らないが、橋の上を往復していた⑨⑪系統の都電は1968（昭和43）年9月に廃止となり、線路ご
と姿を消した。画面の橋を奥に渡れば月島だが、都電無き後は高層マンションが林立し、昭和の面影を残す商店街は「もんじゃの街」
「もんじゃストリート」に変っている。◎勝鬨橋　1961（昭和36）年3月29日　撮影：小川峯生

12系統（新宿駅前〜両国駅前）

【担当：新宿（営）➡大久保（営）　営業キロ数：新宿駅前〜両国駅前間9.6km　廃止：1968（昭和43）年2月24日】

⑫系統は四谷見附まで⑪系統と同じ線路を走り、四谷見附から市ケ谷見附、九段上、神保町、須田町を経て両国駅前に達していた。山の手と下町を結ぶ東西幹線の1つで、車両も⑪系統と共用だったが、⑪よりも下町の商業地域を走る区間が長かった。沿線には幼小中高・大学が多く、通学客でも賑わった。両国駅前の停留場は現・国技館

正面の位置にあたるが、京葉道路に面していた旧国技館が占領軍に接収されたため、1950〜84（昭和25〜59）年の間は蔵前に国技館が置かれていた。84年に現・国技館が開場して大相撲が戻ってきたが、⑫系統の都電は1970（昭和45）年に廃止されていたので、顔合せは実現しなかった。

停留場 1962（昭和37）年10月当時

新宿駅前／角筈／四谷三光町／新宿三丁目／新宿二丁目／新宿一丁目／四谷四丁目／四谷三丁目／四谷二丁目／四谷見附／本塩町／市ケ谷見附／一口坂／九段三丁目／九段下／九段上／専修大学前／神保町／駿河台下／小川町／淡路町／須田町／岩本町／豊島町／浅草橋／両国／東両国二丁目／両国駅前

両国駅前に到着した⑫系統の7000形
左のビルが両国駅本屋。房総方面への特急、急行、普通列車のホームがあった。右奥の高架線は両国〜浅草橋〜秋葉原〜御茶ノ水間の電車専用線。現在は中央・総武緩行線専用。総武線関連の特急、中距離電車は地下線経由で東京駅まで延びている。
◎両国駅前　1966（昭和41）年8月21日　撮影：日暮昭彦

新宿駅前停留場の降車ホームに停まる⑫系統の6000形
手前奥に系統別に分けた３面の乗車ホーム（安全地帯）があり、歌舞伎町への入口に通じる横断歩道に接している。新宿駅前の都電
乗り場は、戦前の上野駅前、戦後の渋谷駅前停留場と並んで巧みな設計として知られていた。
◎新宿駅前　1968（昭和43）年１月　撮影：山田虎雄

新宿駅前停留場に到着した⑫系統の6000形

左が歌舞伎町の入口。手前背後に山手・中央線の大ガードがある。新宿駅前の配線は2面3線で、降車ホーム（写真奥）と分れていた。乗車ホームは右から⑪系統（新佃島行き）、⑫系統（両国駅前行き）、⑬系統（水天宮行き）と発車ホームが決っていた。1948（昭和23）年12月に新宿通り（青梅街道）から靖国通りに移転してきた当時は道幅がやや狭かったので、2面2線の⑪⑫系統だけの停留場だった。（⑬系統は紀伊国屋書店本店西側にあった角筈停留場（初代）を「新宿駅前」と改称して発着していた）。1953（昭和28）年6月にこの付近の靖国通りの拡張が完成し、⑬系統もこの場所に統合された（⑬系統の項、P90～91参照）。撮影時には⑪系統はすでに廃止後で、⑫⑬系統も廃止直前だった。◎新宿駅前　1970（昭和45）年3月15日　田尻弘行

角筈側から見た新宿駅前停留場と⑫系統の5000形、歌舞伎町の入口

1953（昭和28）年6月以降の新宿駅前停留場は、降車／乗車のホーム（安全地帯）が分れていて、写真の電車は乗客を降ろしたあと乗車ホームへの入線を待っているところ。右奥が歌舞伎町の入口で、撮影当時はまだ庶民的な商店街の様相を留めており、歓楽街のイメージは希薄だった。奥には生鮮食料品店や洋品店、古書店などもあった。
◎新宿駅前　1958（昭和33）年1月5日　撮影：小川峯生

四谷三光町（後の新宿五丁目）側から見た新宿駅前方向に向う⑫系統の6000形
新宿駅前終点を目前にして角筈停留場に到着する⑫系統の電車である。前方の右奥が歌舞伎町、正面突当りに国鉄の大ガードがある。靖国通り上の角筈停留場は2代目で、かつては⑬系統の専用軌道は靖国通りを横断し、新宿通りに行き着いた地点（紀伊国屋書店本店の西側）に⑬系統専用の初代角筈停留場があった。同系統が三光町経由になった後、専用軌道区間は⑪⑫⑬系統の出入庫線に転用されていた。専用軌道区間（新田裏〜2代目角筈停留場付近）は1970（昭和45）年3月の⑫⑬系統と大久保車庫の廃止後、遊歩道の「四季の路」に生れ変った。◎角筈　撮影：井口悦男

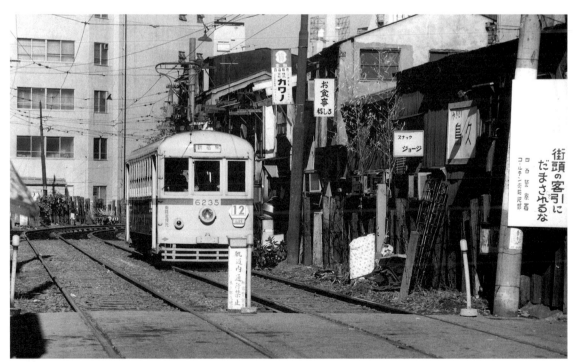

新田裏〜角筈（2代目）間の回送線を新宿駅前に向う⑫系統の6000形出庫車
この専用軌道区間は⑬系統（角筈〜万世橋）の一部を成していたが、1949（昭和24）年4月に⑪⑫系統が新宿通り（青梅街道）の新宿三丁目から四谷三光町（後の新宿五丁目）➡角筈（2代目）➡新宿駅前間を靖国通りに付替えた際に、角筈（2代目）付近〜大久保車庫間の回送線となっていたものである。沿道は飲食、風俗、旅館街で、写真の右奥には人気酒場が密集する「新宿ゴールデン街」がある。回送線は1970（昭和45）年3月に廃止となったが、軌道跡は遊歩道の「四季の路」として現存している。
◎新田裏〜角筈　撮影：井口悦男

大久保車庫で出番を待つ⑫系統の6000形
新宿駅発着の⑪⑫⑬系統の車両は大久保営業所の所属だったが、⑪⑫系統は元々伊勢丹西隣にあった新宿営業所に属していた。戦後、新宿通りから靖国通りに⑪⑫系統が移設された際に新宿車庫は廃止され、⑬系統を受持っていた大久保車庫に統合された。しかし同居の扱い？で、⑪⑫系統用の車両は共用、⑬系統用の車両は専用の車両が決っていた。また、大久保車庫～新田裏～角筈間の⑪⑫系統回送用の専用軌道（旧⑬系統の営業路線。現・遊歩道の「四季の路」）が靖国通りに出る角地には、新宿営業所の看板と建物が1963（昭和38）年の大久保、新宿営業所の合併時まで残されていた（合併後も⑪⑫と⑬は車両を分けていた）。
◎大久保車庫前　1968（昭和38）年2月5日　撮影：井口悦男

靖国通りの角筈～三光町（後の新宿五丁目）間を行く⑫系統岩本町行きの8000形
都電の廃止が進み、⑫⑬系統は共に岩本町止りに短縮となった。そのため⑫系統の方向幕は「岩本町 九段回り」となっていた。三光町の交差点は靖国通りと明治通りの交点とあって渋滞の名所であり、都電も⑪⑫⑬系統が重なるため数珠つなぎになる光景が見られた。しかし部分廃止の進行で都電の活気も次第に失われてゆき、各所で孤独な姿を見せるようになっていた。
◎角筈～三光町間　1969（昭和44）年9月
撮影：髙井薫平

大久保車庫でとらえた旧3000形の異端車「3235号車」
大正時代末期に1形式で610両が量産された木造3000形は、第2次大戦直後まで都電を代表する木造車だった。その中で青山車庫所属の3134号車が1929（昭和4）年にトラックとの接触事故で大破したが、翌1930年に半鋼製車体で復旧した。但し、側面の窓割は木造時代と同じながら、丸屋根、前後の絞り無し、車体幅は約200mm拡幅という異端の姿での復帰となった。以後、車体の大型化により青山車庫から新宿車庫に転じて⑪⑫系統で使用された。戦後、1949（昭和24）年から木造3000形から鋼製3000形への改造が開始されると、3134号車は新3000形の後に続く車番に改番され、増備が進むにつれて3134➡3196➡3219➡3224➡3235と変っていった。1953（昭和28）年に鋼製3000形のスタイルに車体新造し、3235の車番を引継いだ。都内線の廃止が進むと3000形（3001～3242）の廃車も進み、1972（昭和47）年までに全車が姿を消した。
◎大久保車庫　1953（昭和28）年8月26日　撮影：江本廣一

靖国通りと新宿通りを結ぶ「御苑大通り」を岩本町に向う⑫系統の8000形
新宿三丁目は新宿の中心街で、手前背後の新宿通りがメインストリートだが、新宿駅東口前までの道幅が狭かったので、1948（昭和23）12月に当時は裏通りだった靖国通りへ都電の線路を付替えた。御苑大通りはその折の産物で、拡張を経て明治通りの重要なバイパスとなった。移設当時は左奥の靖国通りに左折する角の一画に新宿遊郭があったが、1958（昭和33）年の廃止後は風俗営業の店が密集するようになり、現在は雑居ビルが林立している。◎新宿三丁目　1969（昭和44）年1月8日　撮影：荻原二郎

新宿通りを両国駅前に向う⑫系統の6000形
新宿二丁目も風俗営業店の多い一画だが、表の新宿通りは落着いた商店街が四谷見附まで続いていた。右奥が二丁目の町内、左奥の至近距離には広大な新宿御苑があり、その塀と暗渠化した旧玉川上水が新宿通りに並行していた。新宿通りは道路拡張後、中・高層のオフィスビルとマンションが聳え立ち、庶民的だった雰囲気は消えている。
◎新宿二丁目　1968（昭和43）年1月21日　撮影：荻原二郎

新宿二丁目から一丁目、四谷四丁目へと軽快に進む⑫系統神保町行きの6000形
新宿二丁目を過ぎて新宿一丁目に差し掛った⑫系統の6000形である。路線短縮により岩本町止りになっていたが、さらに区間運転の神保町止りも増えていた。神田神保町の一帯には学校が多く、朝夕は需要が多かった。左側は新宿御苑に近く、緑の多い街並みだった。現在この付近もオフィス、雑居ビル、ホテル、マンションが軒を並べている。
◎新宿二丁目
1969（昭和44）年1月8日
撮影：荻原二郎

四谷三丁目（旧・四谷塩町）交差点、外苑東通り側から見た新宿通りの⑫系統の新宿駅前行き6000形
この交差点は、⑪⑫系統が通る新宿通りと外苑東通りの⑦系統（四谷三丁目～品川駅前）、㉝系統（四谷三丁目浜松町一丁目）の接点で、乗換え客も多かった。長らく線路は接続していなかったが、1963（昭和38）年10月から部分廃止で直通の道を失った⑩系統（渋谷駅前～須田町）が迂回運転のため青山一丁目～信濃町～四谷三丁目～市ケ谷～九段上間を経由することになって、四谷三丁目で過去には繋がっていた線路が再び繋がり、一時期の新宿通りは本数が増えて賑やかになった。都電廃止後の現在は、道路拡張と高層ビル化で温もりのある風景は消えてしまったが、横道に折れれば四谷の活気ある商業地域が広がっている。
◎四谷三丁目　1968（昭和43）年9月23日　撮影：井口悦男

外堀通り四谷見附電停に停車中の⑫系統新宿駅前行きの6000形
四谷見附の外堀通りの停留場は、新宿駅前発着の⑪⑫系統の分岐・合流地点。画面の奥の樹木は赤坂離宮（迎賓館）、バスが横切っている道が甲州街道（国道20号線）で、左が麹町方面、右が新宿方面。この停留場には⑫系統のほか③系統（品川駅前〜飯田橋）も発着していたが、1963（昭和38）年10月以降は、部分廃止で迂回運転となった⑩系統（渋谷駅前〜須田町）も通るようになり、一段と活気を増していた。中でも⑩と⑫は四谷三丁目〜四谷見附〜九段上〜須田町間で重複する「旅は道連れ」の系統となり、利便性向上にも寄与していた。◎四谷見附　1964（昭和39）年5月17日　撮影：諸河 久

四谷見附停留場（外堀通り）に停車中の⑫系統新宿駅前行き5000形〔前〕と、四谷見附折返しの③系統品川駅行き3000形〔後〕
5000形の1次車（1930年製）は更新により3扉から前中扉式に改造され、鋼板屋根は張上げ式に改造されたため、おでこの大きさが目立つようになった。外堀通り上にあった四谷見附電停は、四ツ谷口（西口）に至近で、事実上「四ツ谷駅前電停」に相当し、新宿通りにあった⑪系統の電停より利用しやすかった。右下に国鉄中央快速線、中央・総武緩行線の四ツ谷駅がある。
◎四谷見附　1962（昭和37）年4月21日　撮影：荻原二郎

四谷見附停留場（外堀通り）で客扱い中の⑫系統新宿駅前行き6000形
四谷見附橋西詰から望んだもので、電車は発車すると右折して新宿通りに進み、四谷三丁目、新宿駅前方面に向う。国鉄線、地下鉄丸ノ内線からわずかに望む四谷の街は整い過ぎている印象だが、写真左奥の「四谷しんみち」に入ると飲食店から居酒屋、オフィス用品店、ホテルなどもあってなかなかの賑わいぶりが見られ、三栄町、荒木町など四谷の中心街に続く。
◎四谷見附　1968（昭和43）年9月23日　撮影：井口悦男

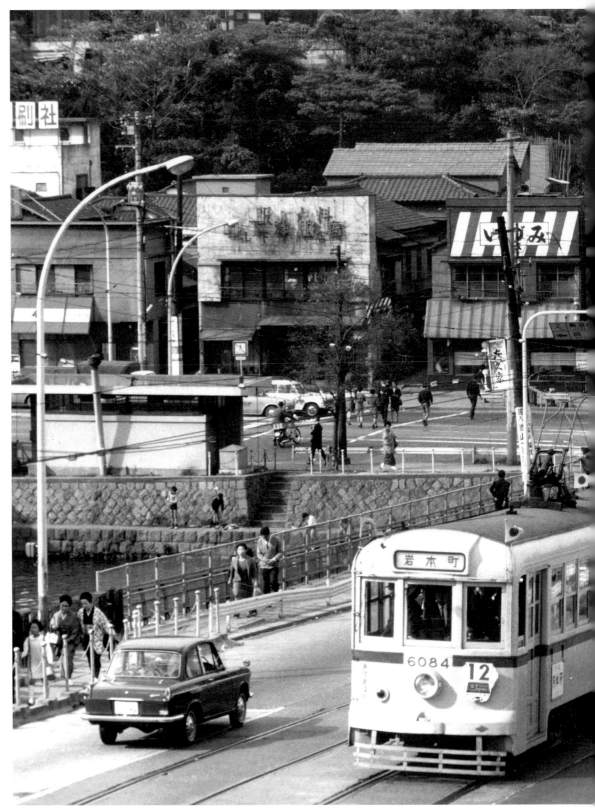

外堀り通りの「市ケ谷見附」停留場からＴ字路を右折して靖国通りに入り、九段方向へ進む⑫系統岩本町行きの6000形
手前側の市ケ谷駅前は勾配と急カーブであるうえに駅前広場が無いため、電停の設置は無理で、外堀通り交差点際に設置されていた。奥の樹木は市谷亀岡神社。中高層ビルが密集する現在はほとんど望めない。今では⑫市ケ谷濠、⑫見附濠を含めてＪＲ市ケ谷駅周辺の地下には東京メトロ有楽町線、同南北線、都営新宿線の地下駅が集まっていて、地上からは想像もつかない「地下宮殿」が広がっている。◎市ケ谷見附　1967（昭和42）年11月3日　撮影：小川峯生

外堀通りから靖国通りに左折して両国駅前に向う⑫系統の8000形
外堀の土塁上に市ケ谷見附停留場があり、駅からは徒歩連絡していた。外堀通り沿いには低層のオフィス、飲食店などが並んでいたが、現在は高層化して奥の景物は見られなくなっている。左の亀岡八幡宮の樹木もビルの奥に隠れてから久しくなる。大型車の5000形や戦後のスター・6000、7000形が往来する⑪⑫系統では、軽量設計の8000形は影が薄く、「この系統にも走っていたのか」という感があった。◎市ケ谷見附　1964（昭和39）年5月17日　撮影：諸河 久

市ケ谷台の眺めが良かった頃の市ケ谷駅前を通って神保町へ向う⑫系統の5000形
外堀通りには③系統（品川駅前〜飯田橋）の3000形が停車中。その奥の高台には左右に江上料理学院の校舎ビルが見える。テレビ
の料理番組で人気のあった料理研究家の江上トミさん（1899〜1980）が1955（昭和30）年に開校した専門学校で、現在に続いて
いる。中央奥のビルは女性誌「ドレスメーキング」「マダム」で人気を博した長谷川映太郎氏（1911〜1995）が経営する鎌倉書房
の社屋。人気雑誌だったが氏の逝去と共に社は解散した。高層ビル化する前の古き良き市ケ谷（地名は「市谷」と表記）の文化的
な風景を記録した１枚といえよう。◎市ケ谷見附　1962（昭和37）年９月29日　撮影：小川峯生

四ツ谷駅、市ヶ谷駅周辺地図（昭和30年）

建設省地理調査所発行「1万分の1地形図」

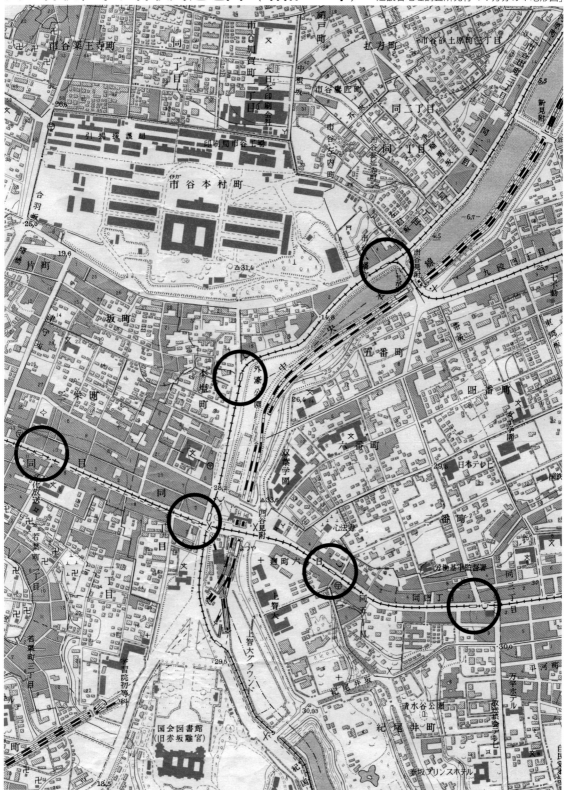

四谷見附と市ケ谷見附、麹町の地形
国鉄（JR）線四ツ谷駅は外濠を埋立てて誕生したもの。駅以外は外濠公園になった。同様に真田濠を埋めたのが上智大学グラウンドである。その左手が赤坂離宮（現・迎賓館）。市ケ谷台の市谷本村町は自衛隊の本部で国の中枢部の1つである。外濠の内側（地図右手）は麹町の高級住宅地、文教地区であり、高級ホテルも多い。この図全体が山の手の地上に位置している。

九段坂を登る上る新宿駅前行き⑫系統の5000形
原型時代の5000形1次車（1930〔昭和5〕年製）が靖国通りの九段坂を登っていく。この坂は高低差が14mあり、低出力の都電にはキツい勾配区間だった。左の坂上が靖国神社、右の坂下が九段下交差点。⑮系統（高田馬場駅前〜洲崎）が合流してくる。白いビルは旧野々宮アパート（1936〔昭和11〕年竣工）だが、撮影時は日本債券信用銀行本店だった。日本不動産銀行本店を経て1966（昭和41）年に改築、銀行撤退後の跡地は「北の丸スクエア」になっている。左のビルは旧偕行社ビル（1930〔昭和5〕年竣工。旧陸軍将校の集会所）。戦後は日本住宅公団本部を経て実践倫理宏生会本部となり、その後改築されている。
◎九段坂　昭和33年3月12日　撮影：小川峯生

九段下、神保町、小川町周辺地図（昭和30年）
建設省地理調査所発行「1万分の1地形図」

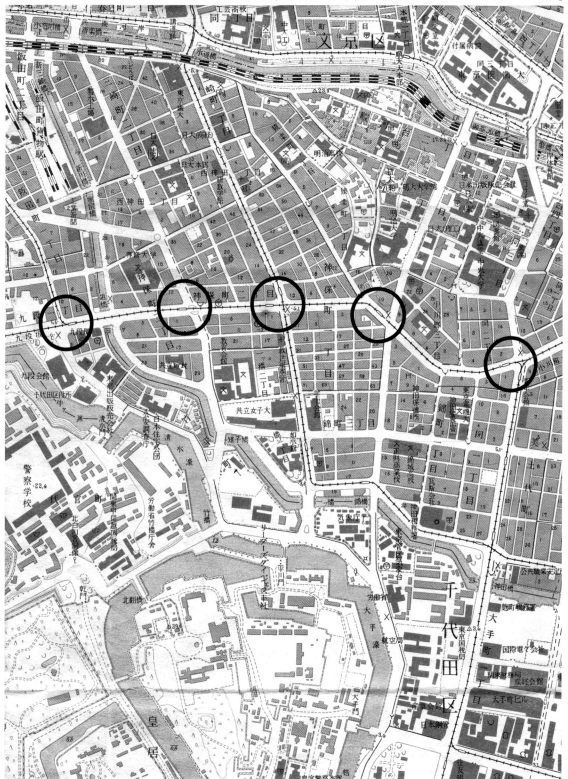

南の皇居の一部、北の駿河台・本郷台の間に広がる下町の神田地区
江戸の市街地は台地上は武士、役人階級が居住し、低地は町人の街が押込まれた形で広がっていた。しかし江戸全体が都市計画に基づいて設計されていたので、戦後日本の乱開発による新開地よりもはるかに整然とした街並みだった。この図の中の都電はいずれも幹線だったが、計画では広い道路すべてに市電（都電）を通すことになっていた。但し、御茶ノ水～錦町河岸間はすでに廃止されており、過剰な投資計画でもあった。

靖国通りの九段坂を上って市ケ谷、四谷、新宿方面に向う⑫系統の6000形
急な勾配で知られる九段坂は、武蔵野台地の東端崖線部の1つ。下町の沖積平野（低地）から坂上までは出力37kw電動機×2の6000形にはかなり荷が重かった。車道と歩道の勾配を一部変えてあるのもこの坂の名物だった。坂下の九段下交差点から左が目白通りで飯田橋方面、右が内堀通りで一ツ橋方面、中央奥の首都高速5号池袋線の高架を越えた奥一帯が神田神保町。右の樹木付近から坂の中腹にかけては現在、昭和時代の暮しを記録する「昭和館」が建っている。
◎九段下　1969（昭和44）年9月　撮影：高井薫平

女子中学・高校生の下校時間で賑わう神保町停留場と、岩本町へ先発した⑫系統の8000形
四谷から市ケ谷、飯田橋、水道橋にかけては私立大学、都立高校のほか名門の私立中学・高校（特に女子校）が多く、通学時間には国電（ＪＲ線）、都電（後には地下鉄線も）は学生、生徒の利用で混み合った。都心部の風物詩にふさわしく、生徒のマナーは良かった。写真は下町方面へ帰る生徒たち。神保町電停の渡り線は⑫系統の折返しのほか、靖国神社、新宿御苑への臨時電車にも使用され、巣鴨・板橋方面〜新宿方面といった遠足の貸切電車も運転されていた。◎神保町　1962（昭和37）年　撮影：小川峯生

靖国通りの神田神保町の東端、
駿河台下交差点を新宿駅前に進む
⑫系統の4000形

三省堂書店の角からの撮影で、手前左奥
が九段下方面、右奥が小川町・須田町方
面。交差点内で線路と交差している地面
の黒い筋は、1944（昭和19）年5月に不
急不要路線として廃止となった御茶ノ水
～錦町河岸間1.1km（錦町線。複線）の廃
線跡である。戦前にはこの区間の線路を
大塚駅前～土橋（新橋ループ線）、新宿駅
前～東京駅東口（後の八重洲口）間の臨
時便が走ったが、大半は錦町線内の折返
し運転だった。車両は木造単車の400形
が充てられていた。2020（令和2）年12
月に御茶ノ水橋の上に埋め込まれていた
「錦町線」の線路が"発見"され、メディア
とマニアに波紋が広がった。
◎駿河台下　1951（昭和26）年9月28日
撮影：田部井康修

**繊維洋品の街・須田町に新宿から
到着した⑫系統の5000形**
靖国通り沿いの商業地区は、九段下から
神保町、小川町、淡路町、須田町…と戦
災を免れたため、関東大震災後の大正末
期〜昭和初期の低層ビル、看板建築の商
店が戦後も長く原型を留めていた。須
田町は洋装品生地の問屋、販売店が軒を
連ねており、特に古き良き時代の街の風
景が見られた。電車はビューゲル（集電
装置）、ストライカー（排障装置）以外は
原型のままの1930（昭和5）年製5000
形1次車（車内のニス塗りは飴色を通り
越して真っ黒になっていたが）。1957
（昭和32）年から戦前型も前面の金太郎
腹掛け塗りになり、賛否両論があったも
のの、次第に反対の声は消え、都内の風
景になじんでいった（2年後からクリー
ム塗りになる）。
◎須田町　撮影：荻原二郎

**昭和初期の街並みそのものだった頃の
須田町交差点と、⑫系統の両国駅前行き5000形**

小川町、淡路町、須田町…と戦災に遭遇しなかった靖国通りの沿道には、1923（大正12）年9月の関東大震災後の復興時に誕生した低層の企業ビルや鋼板張りの看板建築、和風建築の商店、飲食店などが並んでいた。都電の方も昭和30年代初期までの緑／黄のツートンが街に似合っていた。写真は須田町停留場を発車した5000形2次型（1944年製）の原型車。背景のビルは毛織物問屋の「鷹岡羅紗店」（現・鷹岡株式会社）東京支店。1935（昭和10）年の竣工で、周囲が中層ビル化された現在も健在である。手入れが良く、昭和モダニズムの姿を遺すものとして2003（平成15）年に「千代田区景観まちづくり重要物件」に指定されている。
◎須田町　1955（昭和30）年9月
撮影：小川峯生

**小川町交差点から駿河台下、
神保町方面を望む**

小川町の都電線路は三角ポイントで、神田橋側からみて靖国通り右から㉕（西荒川〜日比谷）、㊲（三田〜千駄木町）、同左から⑮（高田馬場駅前〜洲崎）が本郷通りに進み、靖国通りを直進するのは⑩（渋谷駅前〜須田町）と⑫（新宿駅前〜両国駅前）の2系統だった。㊲系統を除けば運転本数が多かったので、信号塔のポイントマンは気が抜けず、操作が大変だった。写真中央奥のビルはスポーツ用品の「美津濃」。駿河台下に立地しており、背が高いのでよく目立った。現在、この一帯は高層のビル街である。
◎小川町　1968（昭和43）年8月24日
撮影：小川峯生

79

小川町交差点の三角線ポイントを直進する⑫系統の新宿駅前行き5000形2次車
九段下から須田町までは戦災に遭わなかったので、靖国通りに面した昭和初期の建造物が多数
残っていた。都電のポイントは、右が須田町方面、左が神保町方面。左上に進む道はニコライ
堂東側、御茶ノ水の聖橋（ひじりばし）を経て湯島に至る本郷通り。この通りには、正式の計画
路線には入っていなかったが、予定線として湯島聖堂前〜聖橋〜小川町間には市電（都電）の軌
道敷境界縁石が入っていた。1964東京オリンピック前後の道路工事で消えてしまったが、線
路が実現していたら、市電（都電）を頼りとしていた小石川・本郷方面から丸の内、日比谷方面
への短絡線になっていたことだろう。
◎小川町　1967（昭和42）年11月22日　撮影：井口悦男

旧国技館のドーム屋根を望みつつ、両国駅前〜東両国二丁目間の「両国駅引込線」（0.3㎞）から京葉道路経由、
新宿駅前に向う⑫系統の5000形
旧国技館は1909（明治42）年に回向院（えこういん。江戸大火犠牲者への追悼寺院）隣接の京葉道路に面した土地に完成したもので、
1917（大正6）年11月に火災で回向院と共に焼失したが1920年に再建された。が、1923（大正12）年9月の関東大震災で焼失、翌
1924年に再開した。1944（昭和19）年2月に陸軍に接収され、1945年3月10日の大空襲で焼失。1945年10月にＧＨＱに接収され、

「メモリアルホール」と改名されて、仮復旧のままプロボクシング、プロレス、イベント会場に使用された。1952（昭和27）年4月に返還され、以後も催事・興行に使用されていたが、1958（昭和33）年6月に日本大学に譲渡され「日大講堂」となる。各種の催事に使用されていたが、老朽化のため1983（昭和58）年に解体された。その間に大相撲は仮設興行の後1954〜84（昭和29〜59）の間は蔵前国技館に場所を移していた。1984年11月に両国貨物駅跡に新国技館が完成し、現在に至っている。
◎両国駅前　1967（昭和42）年10月29日　撮影：荻原二郎

両国駅前停留場に到着した⑫系統の6000形
右が地平にある両国駅前広場。撮影時には房総・総武線方面への朝夕の通勤列車が発着していた。奥の高架線は両国～御茶ノ水
間の電車専用線で、中野／御茶ノ水～千葉間の国電（現在の中央・総武緩行線）が通る区間。地平には両国貨物駅が広がっており、
都電の線路も画面左奥にさらに延びていて、貨物駅構内に４線区間（国鉄の1,067mm軌間と都電の1,372mm軌間の食違い方式の４線
区間）が設けられてた。メーカーから送られた都電の新車もここで受取っていた。貨物駅廃止後は国鉄バス、国鉄トラックの営業
所などに利用されていたが、現在は跡地に国技館、江戸東京博物館が開設されている。画面右のいすゞトラックは国鉄の貨物便。
◎両国駅前　1965（昭和40）年３月27日　撮影：諸河 久

両国駅前で折返し、新宿駅前に向う⑫系統の5000形
隅田川に架る両国橋を渡ると靖国通りは「京葉道路（千葉街道）」と名を変える。渡ってすぐの旧国技館（後の日大講堂）前から両国橋駅（1931年に両国駅と改称）前まで0.4kmの折返し線が開通したのは1929（昭和4）年11月のことだった。目の前の国鉄貨物駅から市電（都電）新造車の搬入が行われるようになったが、線路はつながりが無く、コロで引いて路上で入線させていた。戦後、都電の400形荷電が魚菜類を搬送することになり、都電の線路（1,372mm軌間）が両国貨物駅ホームまで延長され、国鉄の1,067mm軌間との"食違い4線区間"を造って荷を積載した。以後ここが新造車両の受取りにも活用された。両国貨物駅は1970（昭和45）年に廃止され、跡地は国鉄高速バスの車庫などに利用していたが、現在は国技館と江戸東京博物館が開館して新しい両国の顔となっている。写真右側が現在の国技館正面の位置である。◎両国駅前　1967（昭和42）年10月29日　撮影：荻原二郎

浅草橋、両国駅周辺地図（昭和30年）

建設省地理調査所発行「1万分の1地形図」

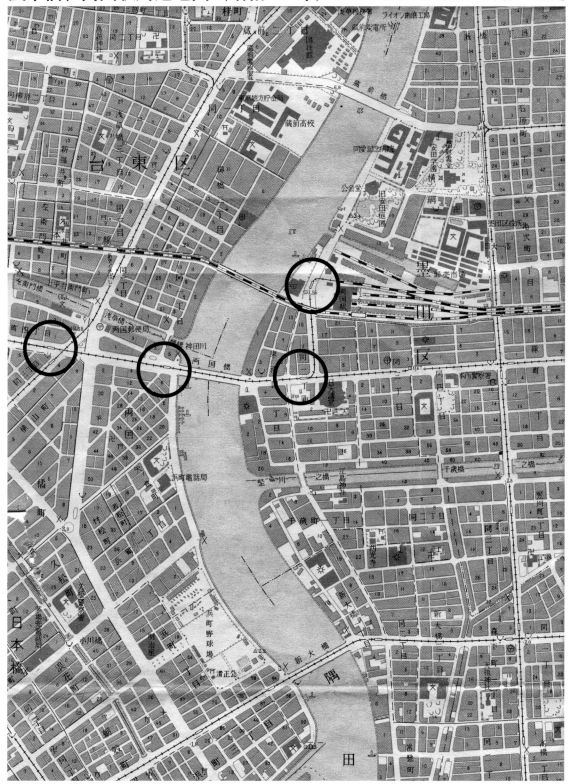

隅田川を渡る都電

両国駅がターミナルだった模様がよくわかる。この地図に登場して隅田川を渡っていた都電は、末期の系統番号でいうと上流から両国橋を渡っていた⑫（新宿駅前〜両国駅前）、㉕（西荒川〜日比谷公園）、㉙（葛西橋〜須田町）、新大橋を渡っていた㊱（錦糸町駅〜築地）の各系統だった。最上流の蔵前橋を渡る路線は無かったが、蔵前橋通りの路上には予定線の線路縁石が湯島まで敷設してあった。が、都電の運行は実現しなかった。

COLUMN

都電の線路幅は「馬車軌間」と「狭軌」

　都電の始祖にあたる「東京馬車鉄道」は、1882（明治15）年に軌間（線路幅）1,372mm（4フィート6インチ）で市内に開業した。その後1900（明治33）年に軌間は変えずに電車化して「東京電車鉄道」（東電）と改称した。市内には1903（明治36）開業の「東京市街鉄道」（街鉄）、1904年開業の「東京電気鉄道」（外濠線）が加わって3社並立となったが、1,372mmの軌間は共通していた。1906（明治39）年に3社は合併して「東京鉄道」（東鉄）となり、1911（明治44）年に公営化して「東京市電気局」（現・東京都交通局）の管轄となった。以後も一貫して1,372mm軌間は守られてきた▼世界には多数の軌間があるが、日本では4種に絞られており、①標準軌の1,435mm（4フィート8.5インチ。新幹線および近鉄・阪急など関西私鉄に多い。関東では京急、京成、都営浅草線、東京メトロ銀座線・丸ノ内線など少数。「広軌」と呼ばれることも多い）。②狭軌の1.067mm（3フィート6インチ。国鉄在来線のほか首都圏の東急、小田急、東武、西武など）。③特殊軌間の1,372mm（4フィート6インチ。全盛期の都電を主体に首都圏の私鉄にも見られた。後述）。④特殊狭軌の762mm（2フィート6インチ。旧軽便鉄道の軌間で現在は四日市あすなろう鉄道、三岐鉄道北勢線に残る）▼都電の1,372mm軌間は「特殊軌間」の元祖でもあった。それもあって東京とその周辺に多く建設された。前記①に近い数値なので、「準広軌」「ニセ広軌」「変則軌道」「東京ゲージ」などと俗称・仮称されてきたが、公式には「特殊軌間」と規定されている。今も東京都電（現在は「荒川線」のみ）、京王電鉄（狭軌の井の頭線を除く）、都営新宿線、東急世田谷線、函館市電で使われている。過去には京成電鉄、新京成電鉄、横浜市電でも使われていたが、前2者は標準軌に改軌し、横浜市電は廃止になった▼かつては標準軌の地下鉄銀座線と、特殊軌間の東急玉川線が渋谷で並んでいた。それを東急百貨店西館の屋上から見下ろすと、1,435−1,372＝63mmの僅差がくっきり出ていて、銀座線の方が安定感のある軌道に見えた。わずか63mmの差とはいえ、交差点で都電の線路を渡るのに慣れた眼や足で、標準軌の京都・大阪・神戸の市電の線路を踏み越えると、都電より線路幅が広く感じられて、一歩よけいに足を運ぶような思いがしたものだ▼都電は1,372mm軌間に統一されていたが、狭軌1,067mm軌間の西武鉄道新宿軌道線が戦中の交通統制によって1942（昭和17）年2月から東京市に委託となり、戦後の1951（昭和26）年4月に都が買収して都電となった。これで軌間が2種類になって、面白みが増した。杉並線にはまず都内線の中古車両が送り込まれ、以後は改造・新造により都内線に準じた車体ながら車体幅の狭い2000形24両が主役の座に就いた▼その2000形の台車は、都内線のD-10、D-16型台車の車輪を車軸の内側に移動させたD-10N、D-16N型（Nは狭軌narrowの略）を使用していた。日中は車体の幅以外、都内線の都電と何ら変りなく見えたが、夜間に背後から自動車のライトを浴びて車体のシルエットが浮び上ると、床下の台車の線路幅が極端に狭く見えた。ダンプや大型トラックが側面にぶつかったら横転間違いなしの感もあった。杉並線廃止後は全車が1,372mm軌間に改軌されて都内線を走り、5次車6両が「広軌」の1,435mm軌間に再改軌のうえ長崎電気軌道に譲渡されて700形となった。90年代から廃車が進み、最後の1両701号車（旧2018）が動態保存の後、2019（令和元年）3月に引退して長い生涯を終えた。

13系統（新宿駅前〜水天宮前）

【担当：大久保（営）　営業キロ数：新宿駅前〜水天宮前間9.6km　廃止：1968（昭和43）年2月24日】

　⑬系統は山の手の副都心・新宿から靖国通り、大久保通り、外堀通り、昭和通り、水天宮通りを走る路線で、起伏に富んだ牛込台地、本郷台地を経由する東西幹線だった。それもあって比較的遅くまで広い道路に恵まれず、山の手の尾根を東西に縦走する路線のイメージが強かった。沿線には新宿、神楽坂の繁華街、水道橋の後楽園スポーツ・遊戯施設、本郷台の御茶ノ水には大学・病院、下町に降りると秋葉原の電気街、岩本町・小伝馬町の問屋街などがあり、東京の活力あふれる姿が見られる路線だった。車両は4000形を主体に6000、7000、8000形が配置され、⑪⑫系統とは別の⑬系統専用の車両が運用されていた。

停留場 1962（昭和37）年10月当時

新宿駅前／角筈／四谷三光町／新田裏／大久保車庫／東大久保／河田町／若松町／牛込柳町／山伏町／牛込北町／神楽坂／筑土八幡／飯田橋／小石川橋／水道橋／本郷元町／御茶ノ水／松住町／万世橋／秋葉原駅西口／秋葉原駅東口／岩本町／元岩井町／小伝馬町／堀留町／人形町／水天宮前

万世橋終点で折返す⑬系統の新宿駅前行き4000形
⑬系統は昌平橋から本郷通り（中山道、国道17号線）を少し走ると万世橋の終点に着く。中央通りとの交差点が終点だが、長らく中山道側が狭いうえに低地だったので、交差点を渡ってすぐの秋葉原駅西口前に相当する場所が⑬系統の折返し地点になっていた。写真はその当時の模様で、右に秋葉原の電気街と秋葉原駅、正面奥が中央通りである。1958（昭和33）年にこの折返し線を写真右奥方向に延伸し、秋葉原駅西口、秋葉原駅東口の2停留場が新設された。線路はさらに昭和通りに出て㉑系統（千住四丁目〜水天宮前）と合流し、⑬系統も秋葉原駅東口から岩本町〜人形町〜水天宮まで路線を延長した。
◎万世橋折返し場　1957（昭和32）年4月7日　撮影：江本廣一

新宿駅前停留場で発車待ちの
⑬系統秋葉原駅西口行きの7000形
⑬系統がこの場所（2代目新宿駅前停留場）
に加わったのは1953（昭和28）年6月1日の
ことで、⑪⑫系統より4年遅れての参入だっ
た。この付近の靖国通りの道幅が足りなかっ
たため、⑬系統は合流できず、2代目「角筈」
電停付近と新宿通りを結んでいた⑬系統の
専用軌道の終点にあった初代「角筈」（戦中
に「新宿駅前」と改称済み。紀伊國屋書店
の本店西側、後のモア5番街の位置）を起終
点にしていた。4年後の1953（昭和28）年
6月に道路拡張が完成し、晴れて⑪⑫⑬系統
が並ぶことになった。以後は安泰だったが、
都電の廃止が進み、撮影当日は⑪⑫⑬系統の
廃止が12日後に迫っていた。そのため左の
歌舞伎町入口と共に賑わっていた電停風景
が消えて、寂しい雰囲気に包まれていた。
◎新宿駅前　1970（昭和45）年3月15日
撮影：田尻弘行

新宿駅前停留場の到着ホームで、
発車ホームへの入線を待つ⑬系統の
7000形と4000形2両

新宿でよく見かけた光景で、⑪⑫系統と
共に電車が数珠つなぎになることが多
かった。4000形は6000形と同型車体
だったが汎用的ではなく、大久保、巣鴨、
柳島車庫のみの配置で、大久保庫の4000
形は⑬系統専用となっていた。左奥が歌
舞伎町一帯、右手が新宿駅東口方面。奥
が2代目角筈電停、四谷三光町方面。新
宿も表通りに銀行のビルが多かったが、
70年代末以降姿を減らしていった。
◎新宿駅前　1968（昭和43）年2月25日
撮影：日暮昭彦

大久保車庫前を発車して新宿駅前へ向う⑬系統の4000形
奥の建屋が大久保営業所。線路は車庫前の敷石箇所が終ると専用軌道区間の新田裏に進む。都電廃止後の現在は軌道跡が道路(文化センター通り)になり、車庫の建物跡は都営東大久保一丁目アパート、奥の車庫・留置線跡は新宿文化センターになっている。
◎大久保車庫前　1960(昭和35)年4月11日　撮影：小川峯生

四谷三光町交差点で靖国通りから明治通りに左折する⑬系統の4000形
⑬系統は東大久保(抜弁天〔ぬけべんてん〕)〜大久保車庫前〜新田裏〜角筈(初代。新宿通りの紀伊国屋書店本店西側)が専用軌道だったが、1949(昭和24)年12月に⑪⑫系統が新宿通りから靖国通りに移設された際に⑬は新田裏〜四谷三光町間の併用軌道を新設し、靖国通り経由になった(旧専用軌道は⑪⑫系統の車庫への回送線として利用。都電廃止後は「新宿遊歩道公園・四季の路」となる)。写真は三光町交差点(現在は新宿五丁目交差点)を左折して明治通りの新田裏までを経由して、大久保車庫前、東大久保方面に向うところである。現在は道路も拡幅され、高層のビルに囲まれた一角となっている。◎四谷三光町　撮影：井口悦男

専用軌道の新田裏〜東大久保間にあった大久保車庫前に停まる⑬系統の4000形2両
右の建屋が大久保車庫。停車中の4000形は左が水天宮行き、右が新宿駅前行き。4000形は、1925〜27（大正14〜昭和2）年に製造された木造3扉の旧4000形50両、4100形50両、4200形80両のうち、戦災に遭わなかった117両（一部王子電気軌道買収車を含む）を1949〜50（昭和24〜25）年に6000形と同一車体に鋼体化したもので、大久保、巣鴨、柳島車庫に配置され、大久保車庫の4000形は⑬系統専用となっていた。廃車は1968〜70（昭和43〜45）年。
◎大久保車庫前　1966（昭和41）年3月21日　撮影：日暮昭彦

大久保車庫〜東大久保間を行く⑬系統岩本町行きの7000形
この区間で⑬系統の専用軌道は終りとなって大久保通りの支道（通称：抜弁天通り）に出る。都電も末期とあって軌道はかなり荒廃して見える（現在は文化センター通りとして整備されている）。沿線は戦前まで大久保の高級住宅地で、余丁（よちょう）町、富久町、若松町、河田町の名が並ぶ。余丁町（町名は四丁に広がる旗本屋敷から）は坪内逍遥が住み、この町で誕生した永井荷風が大正期まで住んでいた高級住宅地だった。当地は境内を参道が通り抜ける厳島神社の俗称「抜弁天」が有名で、この名称の方が知られている。画面の電車の方向幕は「秋葉原　岩本町」となっていて、路線の短縮が進んでいたことを物語っている。
◎大久保車庫前〜東大久保間　1969（昭和44）年　撮影：井口悦男

新田裏～大久保車庫前～東大久保間の
専用軌道区間ですれ違う⊕4000形の
新宿駅前行きと、⊛8000形の水天宮行き
⑬系統は、角筈停留場（初代）～東大久保
間が専用軌道だったが、最終的には角筈
停留場（2代）～新田裏が⑪⑫系統の回
送線となり、新田裏～大久保車庫前～東
大久保間が⑬系統の営業線として残って
いた。写真は大久保車庫前を過ぎて間も
なくの地点である。都電廃止後のこの区
間は、車庫跡に建設された新宿文化セン
ターに通じる「文化センター通り」となっ
ている。
◎大久保車庫前～新田裏
1964（昭和39）年12月16日
撮影：諸河 久

東大久保～大久保車庫前～新田裏間の専用軌道区間から明治通りに出てきた⑬系統新宿駅前行きの7000形（1次車）
元々は専用軌道がまっすぐ左に続いていたのだが、明治通りの四谷三光町経由になった際に新田裏～角筈（2代目）間は⑪⑫系統の回送線になり、⑬系統は通らなくなっていた。明治通りの奥は池袋方面、手前は新宿追分（甲州街道と青梅街道の分岐点を経て渋

谷方面。追分とはデパートの伊勢丹や映画館が並ぶ新宿三丁目の一角である。現在、新田裏の旧専用軌道入口（写真左側角）には日清食品ＨＤの巨大な高層ビルが建っている。写真の7000形１次車は全窓が２枚→３枚に改造されている。運転しやすくなったと乗務員に好評だった。◎新田裏　1969（昭和44）年11月24日　撮影：井口悦男

牛込柳町の電停から焼餅坂を上り、神楽坂方面に向う⑬系統秋葉原駅西口行きの7000形
起伏の多い牛込台を東西に貫く大久保通りの坂の一つ。上りきると山伏町の高台に出る。坂下の外苑東通りとの交差点が牛込柳町（町名は市谷柳町）で、現在は都営大江戸線の牛込柳町駅がある。庶民的だった街並みも中高層ビルに変っているが、大久保通りの道幅は変らず、歩道が広がって車道はいくらか狭くなっている。
◎牛込柳町　1969（昭和44）年11月24日　撮影：井口悦男

東大久保から併用軌道区間を飯田橋に進む⑬系統の7000形

専用軌道は東大久保付近で終り、以降は起伏に富んだ牛込台地上の若松町から大久保通りに出て、神楽坂、飯田橋方面に進む。東大久保は参道が表から裏まで通り抜けられる厳島神社の別称「抜弁天」で知られており、都電時代も電停は「東大久保 抜弁天前」と記され、都電廃止後の都バス停留所は「抜弁天」となっている。大久保通り沿道は住宅地を貫く商業地で、山の手の下町として知られていた。写真の7000形は1955（昭和30）年製の2次車7031〜50のラストナンバー。2次車のうち10両が1970（昭和45）年に函館市電に譲渡され、2010（平成22）年まで在籍した。
◎東大久保（抜弁天前）　撮影：井口悦男

焼餅坂の上から牛込柳町への坂を下る⑬系統新宿駅前行きの7000形

焼餅坂の頂点から下りにかかる7000形の姿である。右の円型屋根は新宿区立市谷小学校の体育館。右に頭を出したバスは、新宿駅前発の京王バスで、方向幕には「中野哲学堂（下田橋）〜新橋駅」とある。都バスとの共運路線の1つだったが、後に大久保駅で分断され、都バス側は「橋63」系統（新橋駅〜小滝橋車庫前）となって健在である。
◎牛込柳町〜山伏町間
撮影：井口悦男

御茶ノ水坂を下って水道橋交差点に出てきた⑬系統新宿駅前行きの8000形
神田川をはさんで向いの駿河台の裾を走る中央快速線、中央・総武緩行線の車窓から都電がよく見える地点である。左の坂を上っていくと順天堂大学や東京医科歯科大学のある本郷台。正面の神田川（外濠を兼ねる）の信号のあるあたりには、昭和40年代まで都内で汲み取った下肥をだるま船に積み替える作業場があり、作業中は水道橋一帯に強烈な異臭が漂った。ユーモアのある都電の車掌氏は「水道橋を越えるまで、鼻をつまんでご乗車願います」などと乗客を笑わせていたが、笑い事ではなかった。当時都内から出る下肥（おワイ）は船に積んで東京湾外の外洋まで運び海中に流していた。下水道と水洗化の進んだ今では考えられない時代が長かったのだ。◎水道橋　1962（昭和37）年4月15日　撮影：小川峯生

秋葉原駅前、岩本町、
人形町を経由して水天宮前停留場に
到着した⑬系統の4000形

人形町から水天宮にかけては戦災に遭遇
しなかったため、大正末期〜昭和戦前の
商家や低層のビルが残っていたが、昭和
も30年代も半ばを過ぎると改築・改装と
新築ビルの建設が増えていった。写真の
電停は⑬（新宿駅前〜水天宮前）、㉑（千
住四丁目〜水天宮前）の電停で、戦前は土
州橋停留場（現・箱崎JCT付近）まで1
区間延びていて、当時の㉒（北千住〜土
州橋）が運行されていた。この区間は戦
中の廃止後も複線の線路は残してあり、
1956（昭和31）年10月の開都五百年を記
念した「大東京祭」に運行された花電車
の展示場に活用され、1959（昭和34）年
4月26日の皇太子ご成婚の記念花電車ま
で展示場の務めを果していた。水天宮前
の交差点で横切っている新大橋通りの線
路には⑨（渋谷駅前〜浜町中ノ橋）、㊱（錦
糸町駅前〜築地）の2系統が通っていた。
人形町から水天宮地区もビルの高層化が
進み、写真当時ののどかな雰囲気は消え
ている。
◎水天宮前　1968（昭和43）年2月11日
撮影：小川峯生

万世橋から松住町に着いた⑬系統新宿駅前行きの4000形
⑬系統は、水天宮から秋葉原駅前、万世橋を経て松住町に至り、松住町跨線橋を潜ってから昌平坂を上り、御茶ノ水に到着する。画面の右は神田川に沿った商工業街、突当りの小路を進めば秋葉原の電気街に出る。⑬系統としては松住町以東が下町区間で、万世橋から水天宮までの延長後は下町区間が長くなっていた。人の動きは活発で、神楽坂や牛込柳町方面との直通客も多かった。
◎松住町　1964（昭和39）年5月　撮影：小川峯生

牛込柳町から坂を上り、
新宿駅前に向う⑬系統の4000形
谷底にある牛込柳町交差点からは、どちらに向うにも
急な坂を上らなければならない。車の場合は排煙の量
が多くなり、高度成長期には一時問題になったことも
あったが、車の性能も良くなってみごと解決して現在
に至っている。現在は大久保通りに高層のオフィスビ
ルとマンションがぎっしり並び建ち、道路下には都内
を循環する都営地下鉄大江戸線が通っており、都電を
頼りにしていた時代の雰囲気は消えている。
◎牛込柳町　1969（昭和44）年11月24日
撮影：井口悦男

水道橋から飯田橋、神楽坂を経て新宿駅前に向う⑬系統の7000形

飯田橋から⑬系統は外堀通りを走る。左奥には後楽園球場と遊園地が広がっていた。右奥には神田川を渡る水道橋と国鉄中央線の水道橋駅がある。正面は白山通りと交わる水道橋交差点で、中央の建物は名建築と讃えられた都立工芸高校の校舎ビル。その奥側には昭和第一高校のビルが重なって見える。現在はこの写真に写っている全ての建造物が中高層ビルに改築されており、景観は一変している。◎小石川橋　1970（昭和45）年3月15日　撮影：小川峯生

神楽坂の名勝の１つ「筑土八幡（つくどはちまん）」の前に停車中の⑬系統岩本町行きの8000形

　牛込北町、神楽坂を通って、牛込台を締めくくるのが筑土八幡神社である。停留場は参道の真ん前にあり、石段と鳥居を大きく望む。神社は９世紀初めに祀られたもので、祭神は応神天皇、神功皇后、仲哀天皇。社殿は戦災で焼失し、昭和の戦後と平成に再建された。今も揚場町、岩戸町、神楽河岸、神楽坂四丁目、神楽坂五丁目、下宮比町、白銀町、新小川町、津久戸町、筑土八幡町、東五軒町、袋町が氏子である（新宿区の大半は町名改正を行わなかったので、江戸伝来の町名を残している）。石段途中の石造鳥居が区の登録有形文化財、境内の庚申塔が区の指定有形民俗文化財に指定されている。
◎筑土八幡町　1969（昭和44）年10月24日　撮影：荻原二郎

巨大なアーチ型の松住町架道橋を潜り抜けて御茶ノ水、新宿駅前方面に進む⑬系統の4000形

まだ高層ビルが少なく、見通しの利いた頃の風景である。架道橋は総武線の秋葉原〜御茶ノ水間にあり、御茶ノ水から分岐する中央快速線の車窓から美しい姿が望めるほか、沿線の商業地域からもランドマークになっていた。が、高層ビルが増えてほとんど見られない街区の方が多くなっている。御茶ノ水〜秋葉原〜神田〜御茶ノ水を結ぶ三角線は、昭和大正末期から昭和初期にかけて建設された高架線区間で、過去には高架上を行く省線電車(後の国電→JR電車)が美しく見える区間として人気があった。

◎松住町　1969(昭和44)年8月2日　撮影：日暮昭彦

御茶ノ水〜松住町（後の外神田二丁目）間の坂を上る⑬系統新宿駅前行きの4000形
右は狭い商業地の奥に神田川（外濠）、中央線・総武線の御茶ノ水駅がある。写真はこれらを乗越える聖橋の上から写したもの。奥の巨大なアーチ橋は1932（昭和7）年に竣工した総武線の「松住町架道橋」。総武本線が両国から御茶ノ水まで延伸した際に完成した。橋の下で外堀通り、国道17号（中山道）、および市電（都電）3本が交差していたため、足の長いアーチ型の橋でひと跨ぎしたものである。現在は至近の秋葉原のランドマークの1つになっている。
◎松住町（後の外神田二丁目）　1962（昭和37）年4月　撮影：小川峯生

日本橋地区の中心で、商業と江戸文化の街として賑わう人形町に到着した⑬系統の4000形
　ここは人形町通り（水天宮通り）と金座通りとの交差点。昔も今も個人商店、オフィスビル、飲食店、飲酒店、甘味店がぎっしり並んでいる。劇場、寄席、花街、色街は消えたが今も旧日本橋区の中心地である。正面の個性的なビルは東京銀行人形町支店。同行は1946（昭和21）年の創立で、旧横浜正金銀行の後身。1996（平成8）年に三菱銀行と合併して東京三菱銀行となり、その後も合併で東京三菱UFJ銀行➡三菱UFJ銀行となる。その過程で当支店は閉店になり、跡地に1990年竣工の高層賃貸「ＴＴ-２」ビル１階のＡＴＭで残っている。また都電⑨系統（渋谷駅前〜両国）のうち、閑散区間の人形町〜浜町河岸〜両国（両国橋西詰）間は、戦中の1944（昭和19）年に廃止となり、以後の終点は浜町中ノ橋になっていた。
◎人形町　1968（昭和43）年2月11日　撮影：小川峯生

安産の守り神・水天宮前で折返す⑬系統の4000形
　水天宮前の交差点で⑨（渋谷駅前〜浜町中ノ橋）、㊱（錦糸町駅前〜築地）と交差すると、⑬（新宿駅前〜水天宮前）と㉑（千住四丁目〜水天宮前）は専用の折返し停留場に入線する。1944（昭和19）年5月までは1つ先の土州橋まで0.2kmの線路が延びていたが、不要不急区間として廃止になった。廃止後も複線の軌条を残し、1956（昭和31）年の「大東京500年祭」から1959年4月の「皇太子殿下（現・上皇さま）ご成婚記念」の花電車運転時までは、この廃止跡の線路が装飾を凝らした花電車の展示場となり、多くの人を集めた。水天宮は改修により美しさを増し、旧土州橋一帯は下町風情の残る商業地区から首都高速6号線箱崎ジャンクションと、その階下に「東京シティエアターミナル」が設けられて、空港直結の大ターミナルに変身している。
◎水天宮前　1968（昭和43）年2月11日　撮影：荻原二郎

水天宮前を発車して新宿駅前に向う⑬系統の8000形
水天宮前に山の手からの⑬系統が顔を見せたのは、万世橋〜秋葉原駅東口間の延長が成って岩本町、人形町を経由して水天宮前までの運行が可能になった1958 (昭和33) 年 4 月25日以降のことだった。水天宮一帯は戦災に遭わなかった街区もあり、商店街は戦前の面影が濃かった。また、水天宮に発着する㉑系統 (千住四丁目〜水天宮前) は生粋の下町路線で、共に多くの参詣客を運び、通勤通学、商用、買物客を運んだ。写真背景の巨大ビルは三原堂本店。現在は高層化したビルがほとんどで、門前町の風情はかなり減少している。◎水天宮前　1964 (昭和39) 年 3 月13日　撮影：諸河 久

お茶の水坂を下って水道橋、飯田橋方面に西進する⑬系統新宿駅前行きの8000形
「お茶の水坂」とは、外堀通りの水道橋交差点から本郷台地上の順天堂医院の前まで続く坂道を言う。対岸の駿河台側の崖下を走る中央快速線、中央・総武緩行線の車窓からは、坂を上下する都電⑬系統の姿がよく見えていた。この近辺には市電（都電）の予定（or計画）路線の縁石の入った道が多かった。①白山通りの壱岐坂下～壱岐坂上～外堀通りの順天堂西側間、②本郷通りの湯島聖堂前～聖橋～小川町間に縁石が入っていた。②が実現していたら、聖橋の上と下で都電同士の立体交差風景が見られたはず。また、御茶ノ水駅前～駿河台下～錦町河岸間には臨⑬系統廃線跡の縁石が残っていた。◎お茶の水坂　撮影：小川峯生

日本学生会館前からお茶の水坂を下って水道橋、飯田橋方面へ向う⑬系統新宿駅前行きの4000形
外濠を兼ねる神田川の北岸が本郷台で、順天堂大学や東京医科歯科大学のビルが並んでいる。南岸の駿河台も大学や企業ビルが並び、相互によく見渡せる。外堀通りの都電は本郷台を縦断する⑬系統だけだったが、本数が多く、駿河台側からその姿がよく望めた。正面奥のビルは1925（大正14）年に竣工した旧「日本文化アパート」で、多くの教会と西洋建築を遺した米国人（後に日本に帰化した）ウィリアム・メレル・ヴォーリズの設計。戦後米軍に接収されたあと、撮影時には旺文社の「日本学生会館」となり、地方から上京する学生、受験生の宿泊施設として喜ばれていた。1991（平成3）年に高層ビルの「センチュリータワー」に改築され、現在は順天堂大学11号館となっている。◎本郷元町（後に本郷二丁目）　1962（昭和37）年4月　撮影：小川峯生

14系統（新宿駅前〜荻窪駅前）

【担当：杉並（営）　営業キロ数：新宿駅前〜荻窪駅前間7.4km　廃止：1963(昭和38)年12月1日】

戦時体制により、旧西武鉄道の新宿軌道線を1942(昭和17)年に東京市が運行受託し、戦後の1951(昭和26)年に東京都が買収した路線である。軌間は1,067mmの狭軌で、都内線の1,372軌間とは接続していなかった（P.88コラム参照）。全区間が青梅街道上にあり、新宿駅前〜鍋屋横丁間が複線、それ以西は単線だったが、買収と同時に複線化工事と都内線並みの車両との置換えが一気に進んだ。沿線は新宿区、中野区、杉並区の商業・住宅地域で、馬橋以西では少し南に入ると水田や森の姿が60年代まで見られた。通勤通学客が多く、ドル箱路線の1つだったが、地下鉄丸ノ内線と競合し、1963(昭和38)年に廃止となった。

停留場 1962（昭和37）年10月当時

新宿駅前
柏木一丁目
成子坂下
本町通二丁目
本町通三丁目
鍋屋横丁
本町通五丁目
本町通六丁目
高円寺一丁目
高円寺二丁目
蚕糸試験場前
杉並車庫前
馬橋一丁目
馬橋二丁目
阿佐ヶ谷
杉並区役所前
成宗
天沼
荻窪駅前

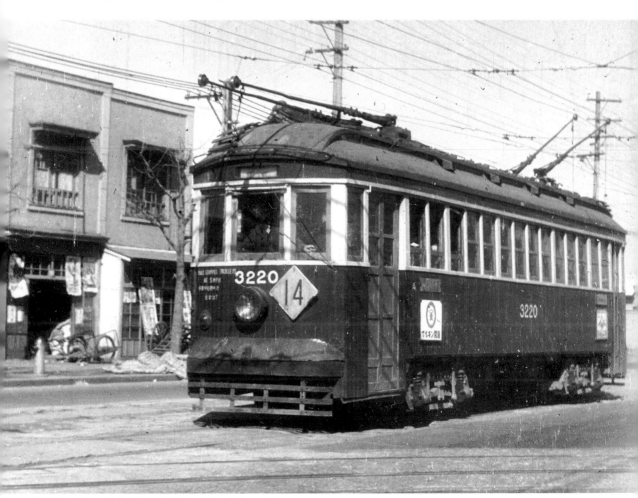

都内線から転じてきた市電（→都電）の名車・木造3000形
1923（大正12）年の関東大震災直前に登場した東京市電初の低床車で、震災復興に合せて610両が量産された。東京市内で3000形を見ぬ街は無し、といわれたほど親しまれたが、戦災で多数を失い、残った車両は鋼製3000形に改造された。一部は改軌のうえ杉並線に転属し、1952（昭和27）年までに順次鋼製2000形に生れ変った。◎杉並車庫前　撮影：青木栄一

杉並線最終日近く、新宿駅前停留場の2000形①
山手線、中央線が越える大ガードの西側が杉並線の新宿駅前停留場だった。降車場と乗車場（写真）が分れていたが、これは大ガードの拡張と掘り下げ工事後の姿で、それ以前は写真奥の橋脚右側のガード下で折返していた（戦中まで線路はさらに単線で新宿駅東口前に達していた）。ガードの向う側は、右端のビルが東口駅前の食品デパート「二幸」（現・アルタ）。左奥が靖国通りの起点で、かすかに見える都電は⑪⑫⑬系統の新宿駅前停留場。その左奥が盛り場の歌舞伎町一帯である。
◎新宿駅前　1963（昭和38）年11月　撮影：荻原二郎

杉並線最終日近くの新宿駅前停留場の2000形②
廃止日が近づいて、乗務員との記念写真を撮る情景が見られた。大ガードは国鉄（ＪＲ）線が青梅街道を越えるための施設で、杉並線は全区間青梅街道上を走っていた。写真左には1963（昭和38）年10月24日に新宿ミラノ座ほかで封切られた米国映画の70㎜大作「北京の55日」の大看板が見える。監督ニコラス・レイ、主演チャールトン・ヘストン、エヴァ・ガードナー、デヴィッド・ニーヴン。大画面映画の最後の作品と言われ、以後このような大作はほとんど作られていない。
◎新宿駅前　1963（昭和38）年11月　撮影：小川峯生

杉並線の乗り場（安全地帯）
杉並線の新宿駅前停留場は、小滝橋通りの起点がある青梅街道の大ガード西側交差点にあった。交通量が多いため、末期には交差点から後退して降車ホームと乗車ホームに分けてあったが、青梅街道の再々拡張後はどちらも広い車道を渡る不便さがあった。写真は乗車ホーム。車両は最後の木造車2050形を1958～59（昭和33～34）年に当時のバス車体と同じ工法で鋼体化した2500形である。台車は古風なD-10形に空気ばねを取付けて出場、タネ車の面影は全く残っていなかった。
◎新宿駅前　1963（昭和38）年2月　撮影：小川峯生

**杉並線黄金時代の顔・
2000形**
杉並線の旧西武軌道線から
の引継ぎ車に代って投入
された2000系は1951
～55（昭和27～30）年に
新造および鋼体化を含め
た24両が出揃い、杉並線
の顔として同線を支えた。
右の2006号車は1951（昭
和26）年製の1次車（2001
～2010。鋼体化グループ）
の1両、左は1953年製の
3次車（2013～15。新
造グループ）の1両で、増
備ごとにスマートさを増
していった。車両と軌道
敷の改善により、杉並線
は1952～59（昭和27～
34）年の間が最も美しく、
都内線にまさる黄金時代
を過したが、以後は自動
車の増加、地下鉄荻窪線
（→丸ノ内線）の掘削工事
などのため、利用客は多
いのだが思うように走れ
ない時期を迎える。
◎新宿駅前
撮影：田部井康修

⑭系統杉並線の新宿駅前停留場風景、2000形と2500形が並ぶ

杉並線こと⑭系統の新宿駅前停留所は、青梅街道の拡幅や交差点の拡張などで数度にわたって線路の付替えや短縮が行われた。写真の2000形が停車中の停留所は大ガードからかなり退いた位置の降車専用停留所（安全地帯）で、晩年のものである。乗車停留所は画面右奥にあり、そこで折返して荻窪駅前に向かっているのが左側の2500形である。撮影当時は西口に高層の商業ビルが林立する以前の姿を留めており、一部に戦後風景も見られた。それだけに「清酒黄桜」のネオン広告は非常に目立つ存在だった。

◎新宿駅西口　1963（昭和38）年4月29日　撮影：諸河 久

121

新宿駅西口から発車する⑭系統に残っていた旧西武車両220形
左奥が国鉄山手線、山手貨物線、中央線が青梅街道を乗越える「大ガード」。その右手がバラック造りの商店街で、線路沿いには現・思い出横丁（当時は闇市以来の飲食店、飲酒店の群）が広がっていた。旧西武の車両は高床式のため、路面からの乗降はきつく、運転台から客室内に進むにはさらに1段ステップがあった。また、車内のロングシートは戦時中の半減工作により、立席部分が多かった。社形車両は1951（昭和26）年度までに都内線の車両と交代に順次引退していった。
◎新宿駅前（西口）　1949（昭和24）年12月4日　撮影：井口悦男

新宿駅前まであと1区間、柏木一丁目から終点に向う2000形5次車
杉並線最終日の一景で、車内は満員。新宿駅前まであとわずかなので、方向幕は「荻窪駅」に回してある。左の古い建造物は淀橋上水場の本部と関連施設のビルで、昭和初期までこの建物の脇から青梅街道を横断して中央線の大久保駅付近まで浄化用の砂利を運搬する専用線（単線、非電化）が敷かれていた。また、建物の左側奥は昭和30年代まで学園の街で、精華学園女子高（現・東海大学の付属。千葉に移転）、明治学院（移転）、日本学園（移転）、工学院（大学。高層化して現在も当地に）が並んでいた。
◎柏木一丁目〜新宿駅前間　1963（昭和38）年11月30日　撮影：小川峯生

新宿駅、淀橋周辺地図（昭和30年）

建設省地理調査所発行「1万分の1地形図」

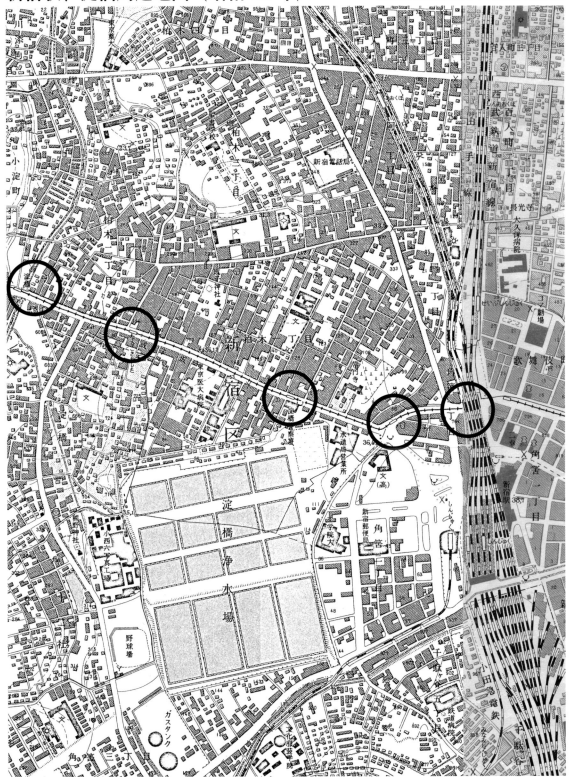

巨大にして偉大だった淀橋浄水場
上水道は明治維新後も玉川上水、神田上水に依存していたが、施設の老化、人口増による汚染でコレラが発生するようになり、府下豊多摩郡淀橋村に広大な近代的浄水場を建設、1898（明治31）年に完成した。右の新宿駅、西口広場などに比しても広大な面積だったことがわかる。中央を東西に貫いているのが青梅街道と都電杉並線、浄水場の南側の道路が甲州街道と京王線。浄水場は1965（昭和40）年に廃止、高層ビル街に変身した。

杉並線で活躍を続けた木造2000形
都内線の早稲田車庫から杉並線に転じてきた木造2000形は、戦中の1943（昭和18）年に火災焼失した木造3000形の復旧車とし
て誕生したもので、昭和生まれの木造車である。全14両が改造されたが、戦災で焼け残った10両が1950（昭和25）年以降杉並線
に入線し、順次鋼製2000形に改造されていった。残った8両は改番を繰返しながら木造車のまま活躍し、最終的には2000形50
番代にまとめられ、1958～59（昭和33～34）年に鋼体化され2500形8両に生れ変った。製造年度が新しかったので木造時代
も車体はしっかりしており、鋼製車に交って最後まで元気な姿を見せていた。なお、前面の金太郎腹掛け塗りは（木造車のためか）
最後まで施工されなかった。◎成子坂下　1957（昭和32）年　撮影：小川峯生

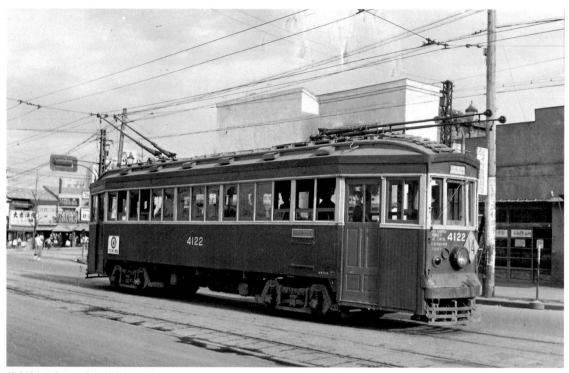

都内線から転じてきた木造4000形
木造3000形に続いて1925〜29（大正14〜昭和4）年に3扉車の4000形50両、4100形50両、4200形80両が量産された。1949（昭和24）年に戦災を免れた3形式の計117両が鋼製4000形に改造されたが、このとき除外された8両は追番の4118〜4125にまとめられ、2扉化された。そのうちの4122、4125号車が1950（昭和25）年度に杉並線に転じてきたもの。翌1951年に鋼製2000形のタネ車となって姿を消した。写真左奥は現「思い出横丁」の入口付近。◎新宿駅前　撮影：小川峯生

西武車両と交代するために入線した都内線の木造2000形
西武軌道線の車両不足と老朽化を救うため、1950（昭和25）年度から都内線の木造2000形、木造3000形、木造4000形が改軌（1372mm→1067mm）のうえ杉並線に送り込まれた。このうち2000形は3000形の火災復旧車で、1943〜46（昭和18〜21）年に16両が丸屋根の新車体で復旧し、戦災を免れた10両が杉並線に転じてきたもの（転入当初の車番は2001〜2010）。転入後2両が鋼製2000形に改造され、残りの8両は複雑な改番を経て1958〜59（昭和33〜34）年に鋼製2500形に改造された。
◎新宿駅前〜柏木一丁目間　1952（昭和27）年2月13日　撮影：小川峯生

**変りゆく新宿駅西口の街を後に
杉並区役所前に向う2000形5次車**

新宿駅西口広場は1941（昭和16）年に専売局淀橋煙草工場の跡地に造成され、戦後は都内最大のバス乗り場になっていたが、昭和30年代からビルが並び始めた。スバルビル、安田生命ビル、京王百貨店、小田急百貨店といったところで、次第に東口とは異なる活気が生れてきた。写真⑥のレンガ造りの建物は水道局淀橋上水場の本館、⑦の大型ビルは小田急百貨店の別館（現・小田急ハルク）、その裏通り（青梅街道の旧道）には映画館や飲食店、居酒屋が軒を並べていた。
◎新宿駅～柏木一丁目間
撮影：小川峯生

杉並線のポイントの1つだった成子坂下

副都心の新宿が今ほど巨大化する前には、新宿から2つ3つ先の駅からは別世界が広がっていて、それぞれに市民の哀歓を見せる小さな盛り場（商店街）があった。京王線なら初台、笹塚、小田急線なら代々木八幡、下北沢といったところ。⑭系統杉並線の場合は成子坂下、中野坂上、鍋屋横丁といった停留場のエリアである。成子坂下の場合は新宿から至近の距離だが、新宿とは違う庶民性があって、ちょっと下車してみたくなる電停の1つだった。ここより南には淀橋浄水場の西に十二所（じゅうにそう）という花街と商店街があって、戦中には大いに栄えたが、成子坂下にはそのような吸引力のあるものは無く、あるとすれば成子映劇という映画劇場だった。新宿には太刀打できないので、吸引力のある上映番組編成に全力を注いだので、わざわざ都電に乗って見に来るファンも多かった。それを除けば昔ながらの商店街に魅力があったのだが、現在は巨大な新宿の圏内に組込まれてしまい、マンション多数の街になっている。◎成子坂下　撮影：荻原二郎

新宿を出てから最初の繁華な街だった成子坂下で客扱い中の2000形1次車
盛り場の新宿から少し離れると、沿道の要所に生活感あふれる庶民の商店街が見られた。左側の大きなビルは1926（大正15）年に
開館した「成子映画劇場」。全盛期には地下映劇と共に番組の魅力で映画ファンに人気があった。映画の衰退で1970（昭和45）年
に閉館となり、銀行の支店になっていたが、現在は改築されて「西新宿TKビル」になっている。新宿の大発展により成子坂一帯
は西新宿に呑み込まれ、この地域の青梅街道沿いには高層のオフィスビル、マンションが密集している。
◎成子坂下　1963（昭和38）年9月1日　撮影：荻原二郎

杉並線の命脈を断った地下鉄の工事が進んでいた頃
中央線の大混雑を救済するため、営団地下鉄（現・東京メトロ）丸ノ内線が「荻窪線」の名で新宿〜荻窪間の延長工事に着手したのが1957（昭和32）年5月のことだった。以後、青梅街道路面下の地下鉄は1961年2月に新中野までと、中野坂上〜中野富士見町間の支線が開業し、1961年11月には新中野〜南阿佐ヶ谷間、1962年1月23日に南阿佐ヶ谷〜荻窪間が完成して全通した（支線は1962年3月23日に中野富士見町〜方南町間の開業で全通）。青梅街道上では杉並線が工事中に仮受けの線路で難儀し、地下鉄全通後は舗装を含めて軌道敷も復元されたが、絵に描いたような重複路線のため利用客が激減し、1963（昭和38）年12月1日付けで廃止となった。◎成子坂下　1960（昭和35）年4月11日　撮影：小川峯生

都内線から転じてきた木造2000形⑥と鋼体化された2000形⑥が行き交う
木造の2000形は戦中戦後の新造車体だったので頑健で、鋼体化や新造の鋼製2000形との共存が続いた。しかし1958〜59（昭和33〜34）年に、残っていた木造2000形8両はバス方式の軽快な車体に載せ替えられ、2500形となってその情景は消えた。◎成子坂下〜本町通一丁目　1957（昭和32）年12月13日　撮影：小川峯生

地下鉄荻窪線（→丸ノ内線）開業後の鍋屋横丁（新中野）点描
鍋屋横丁は江戸期からの交通の要衝で、堀之内の妙法寺参詣、中野方面への分岐点として栄えてきた。都電の乗降客も多かったが、当地に地下鉄荻窪線（→丸ノ内線）の新中野駅が設けられ、地下鉄へと人の流れも変った。青梅街道の都電が消え、バスが大幅に減った後は鍋屋横丁も一時衰微したが、渋谷駅と中野駅を結ぶ鍋横経由の京王バスは盛業を続けていた。現在は地元の個性を生かした街として繁栄を取戻している。写真は1955（昭和30）年製の2000形5次車7両の内の1両。5次車は当線廃止後都内線に転じたあと、6両が長崎電軌に譲渡された。◎鍋屋横丁　1961（昭和36）年2月8日　撮影：荻原二郎

地下鉄荻窪線（→丸ノ内線）部分開業後、中野坂上駅前の杉並線2500形新宿駅前行き
営団地下鉄の中野坂上駅は青梅街道と環状6号線（山手通り）の交差点に誕生した。方南町支線の分岐駅でもあり、駅の規模は大きかった。都電は地下鉄の工事終了後、軌道が整備され、青梅街道上を再び快適に走ったが、当初、車道は仮舗装で、杉並線廃止後に本格的な舗装が行われた。写真の2505号車は青緑／クリーム塗装の最末期である1959（昭和34）年上期製で、全8両のうち最後の3両は当初からクリーム／臙脂帯で登場している。鋼体化車ながら台車の空気バネ改造と屋根上のZパンタが新鮮だった。
◎中野坂上　1961（昭和36）年2月13日　撮影：荻原二郎

地下鉄開通後の青梅街道を環状7号線の「高円寺陸橋」から俯瞰する
工事中の陸橋の上から荻窪方向を望んだもので、沿線はまだ低層の建造物ばかりだった。電車は2000形5次車2022号車の新宿駅前行き。右に雁行する京王バスの方向幕は「渋谷東横前」となっている（東横は東急系のデパート名。共運の都営バスは公営交通のため「渋谷駅」と記していた）。地下鉄工事終了後、軌道敷は綺麗に復旧しているが、車道との境界縁石は省略され、どこか不安定に見える。車道は仮舗装でまだ荒れていたが、杉並線廃止後に完全舗装が施工された。
◎高円寺陸橋（当時の蚕糸試験場～杉並車庫前間）　撮影：小川峯生

阿佐ヶ谷に停車中の1955（昭和30）年製2000形5次車2023号
杉並線の複線化と青梅街道の整備により、1952（昭和27）年度に新宿駅前～天沼間は見違えるほど美しい電車通りとなった。特に
杉並車庫～天沼（1956年からは荻窪駅前まで）の間は美しく整備され、乗心地が飛躍的に向上していた。2000形最終増備の5次車
7両は都内線の7000形に似た仕様になり、利用客に好評だった。写真は7000形と同じ青緑の濃淡で登場して1ヵ月未満の頃の姿
である。◎阿佐ヶ谷　1956（昭和31）年1月2日　撮影：江本廣一

荻窪では旧道の単線区間を走っていた頃の杉並線風景
⑭系統杉並線は全区間が青梅街道上にあり、大正末期からの道路拡幅で複線化が進んでいた。が、終点近くの成宗～荻窪間は国鉄
中央線を越える天沼陸橋は戦中の1942（昭和17）年に着工となり、1944年に完成したものの、同年に爆撃によって破壊された。電
車は戦後も長らく仮復旧の橋を越えられず、成宗から荻窪終点までは旧道上の単線区間が残っていた。1956（昭和31）年6月に陸
橋の修復により北口への複線が完成し、都電は南口から姿を消した。
◎成宗～荻窪間旧道　1956（昭和31）年5月29日　撮影：小川峯生

まだ車が少なく、都電の軌道敷も車道も美しかった頃の青梅街道を新宿駅前に向う木造2000形
正式に都電となった杉並線は改良が進み、車両や軌道敷が最も美しく見えたのは1952〜58（昭和27〜33）年の間だったと言える。
このあと地下鉄工事で文字通り根底から掘返され、束の間の黄金時代は去った。地下鉄開業後、軌道も復旧工事が行われたが、こ
の写真に見るほどの美しさは取戻せなかった。改番の多かった木造2000形だが、末期には残存の8両が2050番代に収まっていた。
◎成宗　1958（昭和33）年9月19日　撮影：小川峯生

荻窪駅南口から北口への線路付替え工事中の模様
杉並線の「荻窪」終点は青梅街道旧道の荻窪駅南口近くにあったが、国鉄駅から離れていたのと、天沼〜荻窪間が単線で残っていたため運用上のネックになっていた。青梅街道が中央線を越える天沼陸橋は戦中に爆撃で破壊され、長らく仮復旧で使用されていたが、1955（昭和30）年9月に完全復旧した。陸橋の上には都電の複線の線路を前もって敷設しておき、後から陸橋以外の天沼〜荻窪駅前（北口）間の複線を建設して1956年6月1日に完成した。写真は旧道から北口への付替え工事現場に出て新宿駅へ向かう最新・ラストナンバーの2024号車。左が荻窪駅北口方面。◎天沼　1956（昭和31）年5月29日　所蔵：江本廣一

完成した天沼陸橋を越えて新宿駅前へ向かう2000形1次車
戦中の爆撃被災後、仮復旧だった天沼陸橋が1955（昭和30）年に完全復旧し、杉並線の都電は橋を渡って荻窪駅の北口駅前に移動した。写真左側は旧道の分岐点で、56年5月まで線路はここから単線で旧道に分け入り、荻窪駅南口近くの終点まで延びていた。
◎天沼　1958（昭和33）年9月19日　撮影：小川峯生

青梅街道上の阿佐ヶ谷電停で離合の後、荻窪に向う旧西武軌道線引継ぎ
の220形221号車　昭和初期の青梅街道拡幅後の西武軌道線は鍋屋横丁以西が単線だった。単線区間も複線分の軌道敷は用意されていたが未舗装で、交換可能な停留場のみ敷石が敷いてあった。220形は1923（大正12）年汽車会社東京支店製。正面はスマートになり、側窓の位置が高くなっていた。◎所蔵：江本廣一

西武軌道線にも「丸窓電車」があった！　旧西武引継ぎの250形251〜255のうち253〜255号車
251・252号車が1925（大正14）年汽車会社東京支店製、253〜255号車が大正14年田中車輛（現・近畿車輛）製で、この3両と最終グループの260形5両（スタイルはほぼ同じ）の計8両は関東では珍しい丸窓付きだった。戦後間もなくの撮影のため、側窓の下半分がガラス代用のアルミ板になっていた。◎所蔵：江本廣一

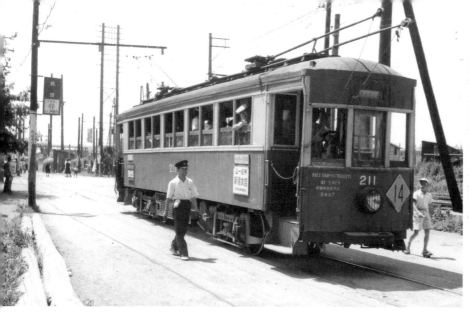

青梅街道の旧道上にあった
荻窪停留場（単線行止り）で
発車を待つ旧西武軌道線
引継ぎの210形211号車

右に中央線の線路、中央奥が荻
窪駅南口（駅前広場なし）。210
形は1924（大正13）年東洋車輌
（旧枝光鉄工所）製。引継ぎ車は
すべて高床車で、台車はブリル
76E系とボールドウィン系。西
武車両は全形式とも戦時中の座
席半減車で、シートは新宿方と
荻窪方で交互に半分ずつの配置
となっていた。
◎荻窪　所蔵：江本廣一

杉並線の荻窪側末端区間は
閑静な郊外電車の味わいだった

⑭系統杉並線は、副都心の新宿
を出ると、成子坂下、鍋屋横丁、
馬橋、阿佐ヶ谷などの商業地区
を通り、沿線が次第に杉並区の
文教住宅地区になってくると、
東京西郊の郊外電車の風情（例え
ば玉電のような）が増してきたも
のだった。特に杉並区役所を過
ぎて荻窪終点に至る区間は、閑
静な街の落着いた乗り物という
印象で、妙な表現だが「都電離
れ」した雰囲気を保ち続けてい
た。この区間に似た都内線の系
統は無かったのである。乗客の
品の良さと共に、いつまでも杉
並線の思い出の中に残しておき
たいものの1つと言えようか。
◎杉並区役所
1954（昭和29）年
所蔵：江本廣一

都電荻窪終点から青梅街道の
井荻八幡、田無方向を望む

青梅街道は戦前から拡張が行わ
れていたので、道幅は広く、直線
区間が多かった。そのため一時
は都電の延長案も出たほどだっ
たが、時代の趨勢から地下鉄を
望む声の方が多くなり、結局実
現しなかった。左が小さな駅前
広場と荻窪駅。その脇に闇市か
ら続く食品市場があった。右が
教会通りなどを含む小規模な商
店街で、映画館もあった。北口
の都電は静かに登場して、静か
に消えていった。
◎荻窪駅前　撮影：小川峯生

都内線から転じてきた木造3000形
大正末期に610両が量産され、市電（都電）を代表していた木造3000形も戦災で多数を失い、残った195両のうち鋼体化から外された5両（3219〜3223。鋼体化車の続番）が改軌のうえ1950（昭和25）年度に杉並線に転入してきた。翌1951年に5両とも鋼製2000形1次車のタネ車となって姿を消した。◎所蔵：江本廣一

天沼陸橋を上り詰め、新宿駅前に急ぐ⑭系統の2000形
背後の大きなビルは住宅公団のアパート。荻窪は元々小さな商圏の他は住宅と学校が多く、ビルそのものも余り見かけない街だった。中央線の混雑が激化して、地下鉄の建設、都電の北口への移設などにより、通勤通学に便利な街として昭和30年代末から急速に再開発が進んだ。公団のビルはその先駆けであり、象徴でもあった。現在も周囲の高層ビルに交じってこの姿を保っている。
◎荻窪〜天沼間　撮影：小川峯生

⑭系統杉並線唯一の乗越え立体交差
「天沼陸橋」を渡り、新宿駅前に向う2000形
青梅街道が国鉄中央本線を越える「天沼陸
橋」は戦時中の爆撃により破壊され、2車線
の仮復旧のまま使用していたが、1956（昭和
31）年6月に都電の敷設と共に完全復旧し、
都電の北口進出が実現した。写真の奥が新
宿方向で、高層建築の無い時代だけに展望が
みごとだった。なお、中央線の線路の方は複
線だったが、天沼陸橋の下は戦前から複々線
の用地が確保されており、戦後の中央線中野
～三鷹間複々線化の際には、橋の下は何の問
題も無く複々線化された。
◎荻窪駅前～天沼
1963（昭和38）年11月30日　撮影：諸河 久

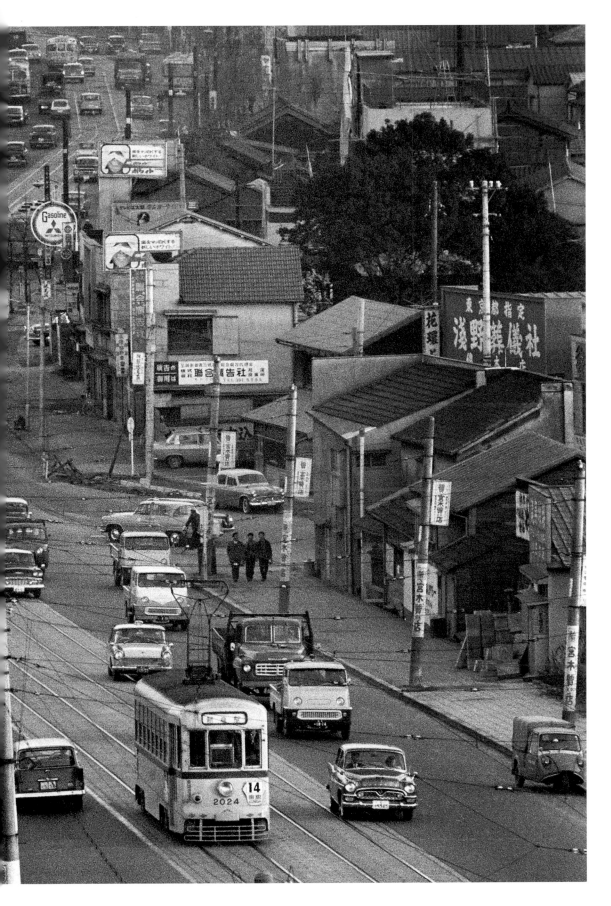

**杉並線最終運転日の夜、
新宿駅前停留場にたたずむ2000形**
青梅街道上からいよいよ杉並線が消
える日を迎えたのは1968 (昭和38)
年11月30日 (土) のことだった。こ
の日をもって⑭系統杉並線は静か
に舞台から退いていった (交通局の
公式廃止日は1968年12月1日付)。
2000形24両、2500形8両はしばら
く姿を消していたが、やがて改軌し
て都内線で活躍し、7両が長崎電軌
に譲渡されて長く元気な姿を見せて
いた。
◎新宿駅前
1968 (昭和38) 年11月30日
撮影：諸河 久

あとがき

　第3巻では新宿駅を起点に、山の手の繁華街・オフィス街・商業地区・文教住宅地区、下町の商業地区を結んでいた⑪⑫⑬系統、および山の手の繁華街と郊外の住宅・商業地区を短絡していた⑭系統をまとめてみた。いずれも通勤通学・商用・買物客で賑わうドル箱路線で、自動車の増加で速度は落ちる一方だったが、最後まで利用客に愛されていた。国鉄（→ＪＲ）電車、私鉄電車の路線は基幹的な骨組みだけで、まだ地下鉄路線も少なかった時代には、都電とバスが毛細血管のように都内の交通を末端部で支えていた。1枚の写真から都電が唯一の高速？交通機関だった市街地の暮しも想像できれば、何層倍もの深みと物語が生れてくる。そのような鑑賞法もお勧めしておきたかった次第。

2021（令和3）年3月　　　三好好三

三好好三（みよしよしぞう）

1937(昭和12)年12月、東京市世田谷区豪徳寺生れ。1950(昭和25)年9月以降は武蔵野市吉祥寺、1981(昭和56)年9月以降は小金井市に居住。国学院大学文学部卒、高校教諭を経て鉄道読み物執筆を続ける。主な著書に『鉄道ライバル物語 関東vs関西』「昭和30年代バス黄金時代」「中央線 街と駅の120年」「中央線オレンジ色の電車今昔50年」「近鉄電車」（以上JTBパブリッシング）、「昭和の鉄道」（小学館）、「よみがえる東京 都電が走った昭和の街角」（学研パブリッシング）、「京王線・井の頭線 昭和の記憶」（彩流社）、「常磐線 1960年代〜 90年代の思い出アルバム」（アルファベータブックス）など多数。

【写真撮影】

井口悦男、江本廣一、小川峯生、荻原二郎、高井薫平、田尻弘行、田部井康修、日暮昭彦、諸河 久、山田虎雄、吉村光夫、朝日新聞社

発掘写真で訪ねる
都電が走った東京アルバム　第3巻（11系統〜14系統）

発行日 ……………… 2021年3月26日　第1刷　　※定価はカバーに表示してあります。

著者 ……………… 三好好三
発行人 …………… 高山和彦
発行所 …………… 株式会社フォト・パブリッシング
　　　　　　　　　　〒161-0032　東京都新宿区中落合2-12-26
　　　　　　　　　　TEL.03-6914-0121 FAX.03-5955-8101
発売元 …………… 株式会社メディアパル（共同出版者・流通責任者）
　　　　　　　　　　〒162-8710　東京都新宿区東五軒町6-24
　　　　　　　　　　TEL.03-5261-1171 FAX.03-3235-4645
デザイン・DTP ……… 柏倉栄治（装丁・本文とも）
印刷所 …………… 新星社西川印刷株式会社

ISBN978-4-8021-3239-8 C0026